决策思维

张静　编著

在复杂世界中保持从容不迫

中国纺织出版社有限公司

内 容 提 要

我们生活的世界时时刻刻都在发生着变化，变化是这个世界的主旋律，这个世界充满了不确定性。因此，我们每个人每天都在作决策——大到人生方向、小到衣食住行，掌握理性决策的原理、学习决策方法，无疑可以帮助我们更明智地作决定，从而改善我们的生活、提升我们的能力、收获更成功的人生。

本书从思维的角度出发，立足于生活、工作乃至人生中的方方面面，旨在给那些常常左右两难时不知如何选择的人以正确的指引，引导他们理智抉择，成就更好的人生。

图书在版编目（CIP）数据

决策思维／张静编著.--北京：中国纺织出版社有限公司，2024.1

ISBN 978-7-5229-1021-5

Ⅰ.①决… Ⅱ.①张… Ⅲ.①企业管理—经营决策 Ⅳ.①F272.31

中国国家版本馆CIP数据核字（2023）第180228号

责任编辑：林 启　　责任校对：高 涵　　责任印制：储志伟

中国纺织出版社有限公司出版发行
地址：北京市朝阳区百子湾东里A407号楼　邮政编码：100124
销售电话：010—67004422　传真：010—87155801
http://www.c-textilep.com
中国纺织出版社天猫旗舰店
官方微博 http://weibo.com/2119887771
天津千鹤文化传播有限公司印刷　各地新华书店经销
2024年1月第1版第1次印刷
开本：880×1230　1/32　印张：6.5
字数：112千字　定价：49.80元

前 言

PREFACE

生活中的人们，你是否常有这样的经历：清晨起床，你会为今天出门穿白色连衣裙或红色套装而犯难；购物时，面对两种价格差不多的商品，不知道如何选择；小提琴和钢琴两个兴趣班，因为精力有限，你只能选择一个；下属给的两个工作方案，你始终拿不定主意选择哪个……

以上这些活动，都涉及抉择，的确，人类的一切行为都是决策的结果，小到饮食起居，大到人生方向的选择等。对每个人来说，作出正确的选择，对于你人生方向的确定、当下的生活、职业生涯的定位都有着举足轻重的作用。而且，人类决策受到很多因素的影响，其中就包括思维和情感。如果只以情感为选择准则，那么，我们就会在感性的影响下作出不理性的抉择和行为；如果能理性思考，以一定的原则、方法和逻辑推理来抉择，那我们就会作出更明智的决定！

然而，很多人在作决策时往往缺乏理性，也常常意气用事，且容易受到情绪、周围人意见的影响，从而做出让自己后悔的事。

不得不说，选择和努力同样重要，我们都希望作出明智的抉择，让奋斗方向更精准。不过，由于个人心理的认知风格、价值取向及风险偏好等各方面的不同，我们会不自觉地作出错误或者不合时宜的选择。由此可见，要作出正确的抉择，就必须学习决策思维。

也许一些人会问，如何了解以及避免以上我们所说的问题，又如何作出正确的选择呢？

这就是我们撰写本书的目的，旨在帮助大家在决策时摒弃非理性因素，并开拓和挑战自己的思维。本书内容新颖、案例丰富，论述清晰简洁，值得一读，希望能帮助读者朋友们作出更明智的抉择！

编著者

2023年6月

目 录
CONTENTS

第 09 章

谨防心理误区，减少决策错误

第01章

职业或事业抉择，选对方向才能走好人生的每一步

对于任何人来说，职业、事业的选择，对其一生的发展都至关重要，可以说，每个人人生选择的第一步就是找到自己要走的路。事实上，每个人的心中都有自己的梦想、都有自己想要的生活方式。那么，从现在起，你要做的就是冷静下来，好好反省一下自己到底在做什么。如果觉得现在的人生充满遗憾，不是你想要的，那你不妨递给它一份辞呈，然后重新去找寻自己想要的人生。

积极为未来筹划，选择你的人生路

我们先来假设一下，有两个年轻人，他们能力不相上下，但是，一个年轻人目标明确，总是积极向上、每天干劲儿十足、努力充实自己；而另外一个年轻人，他目标模糊、满足于现状、每天浑浑噩噩、得过且过，想象一下，五年后，他们会有什么不同？

的确，尽管只经历了五年的时间，但是他们的差距已经显现出来了：前者通过自己的奋斗，已经小有财富，事业越做越大、春风得意；而后者稍微遇到一些问题，便慨叹自己解决不了，每天活在抱怨中，常常为生计、金钱而苦恼。

我们可能都更喜欢第一种人生，而想要有所成就，前提是要为自己找到一个准确的定位，而不是得过且过。

人生不能没有目标和规划，如果没有规划，你就会像一艘黑夜中找不到灯塔的航船，在茫茫大海中迷失了方向，只能随波逐流，到达不了岸边，甚至会触礁而毁。因此，在做任何一件事情前，我们最好都要有所计划。计划是为实现目标而需要采取的方法、策略，只有目标，没有计划，往往会顾此失彼，或多费精力和时间。我们只有树立明确的目标，制订出详尽的计划，才能投入实际的行动，才能收获成就感和满足感。

当然，对未来的规划不仅是我们对目前趋势的合理预测，更是一种对人生路的选择，这其中包含了我们的信念、价值观，将所有的这些因素糅合在一起，就能找到未来的方向。

的确，当我们极为渴望某件东西或者某个目标的时候，实际上，就是给自己设定了一个远景目标，而且，这种渴望越强烈，我们奋斗的动力就越充足。在这样的情况下，我们的大脑总是处于反应性兴奋的状态，我们会思路清晰、精力充沛，对于手头的事充满热情，从而完成难以完成的任务，克服难以克服的困难，最终激发自己的潜能，达到最终的目标，实现梦想。

所以，接下来，你不妨找出你的人生目标。

你可以拿出一支笔、几张纸和一只表，你可以将时间限定在十五分钟内。然后，你挑出一张纸，在纸的最上端写下问题，我的人生目标到底是什么？当然，这里的目标，在不同的人生阶段是不同的，所以你可以把人生目标看成自己当前看待人生的方式和视角。

接下来，你可以花上两分钟的时间列出所有的答案，如谈一场恋爱、去攀登珠穆朗玛峰、环游世界等。当然，你也可以列出一些在别人看来是幻想的事，毕竟，人有目标和梦想总是好事。不过，你应该写下一些具体的目标，如为家庭、为社会能做出什么贡献，在经济和精神层面的目标等。

然后，你可以多给自己两分钟，对刚才列出的清单进行必要的修改，达到让自己满意的水平。

如果仔细反省一下现在的生活模式，你或许能增添一两条内容。例如，你在工作之外还有大把的业余时间，如果拿来为自己充电的话，是不是对未来的职业发展更有帮助？如果有阅读报纸的习惯，那说明你希望了解时事信息，并希望从中找到乐趣……

诚然，我们应该肯定远景规划的重要意义，但这并不代表我们应该固守目标、一成不变，很多专家为那些求学的人提出建议，要不断调整自己的目标。也许你一直向往名校、一直想排名第一，但是如果某些科目的成绩经过努力仍无法提高的话，就应该调整自己的目标，否则不能实现的目标会使你失去信心，影响学习的效率。由此可见，一个不切实际的目标就等于没有目标。

其实，不仅是学习，做任何事，我们都要及时调整自己的计划，而不能盲目地做事。计划的第一步应该是明确自己的目标，有目标才会有动力，有了动力才能够前进。但在总体目标下，我们可以适当调整自己的计划，平时要多一手准备，多检查计划是否合理，这样就能少一点儿失误，多一分把握。

根据自己的实际情况，制定一个通过自己的努力就能够实现的目标，并且这个目标不是一成不变的，要根据实际情况不断进行调整。经过一段时间的实践，你一定能够确定一个给自己带来源源不断动力的目标。

因此，你可以把自己的远景规划细化，把大目标分成若干个小目标，把长期目标分成一个个阶段性目标，最后根据细化后的目标制订计划。另外，由于不同的工作有不同的特点，所以你还应根据手头的任务制定细化的目标。细化目标也能帮助我们及时调整自己的目标。

总之，你如果是个向往事业成功的人，就要懂得根据实际的情况和环境采取适当的行动方案，要懂得审时度势，要让自己坚信一点：只有将环境与事业发展的远景规划融合在一起，才有可能实现事业成功。

制订清晰的职业规划，选择你的事业

任何人，都有人生目标。人生目标可以有很多，其中就包括自己的职业目标，职业目标是引领我们职业成功的关键。虽然你未来的职业生涯可能并不会完全按照你的职业规划去发展，但这就更需要我们拥有一份职业规划。因为通过职业规划，你可以清楚地知道自己目前所在的位置，目前的职业与你的规划有什么偏差，它是否对你的职业生涯有帮助，你是否需要作出调整等，最重要的是，目标指导行动，任何一个有抱负的职场人绝不会允许自己有拖延的习惯，从这一点看，我们也要为自己做好职业规划。

小王已经毕业两年了，在这两年内，她已经先后从事了性质不同的四份工作：民办学校的教师、教育机构的咨询员、办公器材的销售员、保险公司的推销员。这四份工作只有做教师与她的专业对口，其他都是在招聘单位急需用人而她也急需工作的时候达成的。那时，单位不考虑她的专业，她也不考虑工作的性质，只看薪水和招聘单位的承诺，只要薪水或者未来的薪水能令她满意，她就做。

就这样，她就像走马灯似的换了四家单位，换了四种工作。

这一次，小王拿着她的中文简历找到一个猎头，希望猎头能为她翻译成英文的简历。她说她看好了一家各方面都不错的外资企业，薪水尤其诱人，所以想制作一份英文简历试试运气。

这位猎头一看这份简历，发现这还是她大学毕业时用的简历，只是在工作经历一栏多了几行字，也只有从工作经历里才能看出这不是一个应届毕业生。猎头摇了摇头。

小王对猎头的反应并不意外，她其实也明白自己的工作经历没有什么说服力，于是在叙述工作经历的时候一笔带过，而且把自己的跳槽经历进行了排列组合，将四次改成了两次。

上面的案例里，单从小王工作的种类上来看，她所从事的职业无疑是丰富的，经历也是复杂的，但是这种经历在质量上很难让人信服，缺乏说服力。为什么会这样呢？因为她没有明确自己的职业目标，不知道自己要做什么，能做什么，最终导致自己失去了方向。

小王的经历说明，我们要想在职场上处于主动地位，首先要制订一份职业规划。你需要明确制定未来三年、五年甚至十年的职业目标，给自己的职业生涯一个定位。这就是职业规划的作用，它能使你时刻感知自己的存在。

所谓缺乏职业规划，就是指职场人士在步入职场之前或者在职场中时，缺乏对自己能力和发展的明确认识，更没有认清自己所处的职场环境。很多职场人士，往往处于这种“不知己不知彼”的状态中，走一步算一步，不知道自己未来的走向如何，更不知道自己可以朝着哪个方向走。不少人连初始的职业选择都存在困难，很多人不知道自己能干什么、适合干什么、喜欢干什么。其结果必然是做了一份自己不愿意做的工作，或者是做了一份不适合自己做的工作，可以想象，这样只会使人逐渐失去工作热情、工作散漫和拖延，其前途也是令人担忧的。

为此，每个人都可以给自己的职业生涯进行一个规划，规划分成长期目标和短期目标。长期目标是指自己到达某一个年龄阶段时想到达的目标，而短期目标则是近期自己可以做到的程度。这两种目标应该是协调一致的、具有可发展性的。

但是，在制定目标之前，你首先要做的就是了解自己。一方面是了解自己的能力和特长，另一方面是了解自己的性格特点及兴趣爱好，看能否达到一个完美的结合。如果不能，那应该偏向于哪个角度发展则需要自己的理性选择了。

首先，你要清楚地知道自己能做什么。这是基础，而喜欢做的事情却未必就有机会去做，或者说，适合自己做的事情也未必有机会去做。例如，通过职业倾向性测试，你可以了解自己适合做什么，但是现实却未必能给自己这个机会。所以，自己的能力和特长才是进入职场的基础，也是和其他人竞争的实力所在。

其次，你要了解自己的兴趣。至于自己喜欢做的事情，可以作为长远规划来处理。

现代管理学之父彼得·德鲁克曾言："我们大大高估了自己一年以后能够做到的事，却大大低估了五年以后自己可能做到的事。"

最后，你还要为自己拟定各阶段的目标。例如：

长期目标（5年、10年或15年）：这是一个总的目标，这一目标能指引你前进的方向，因此，这一目标是否能确定好，决定了你在很长一段时间内是否能做有用功；并且，长期目标的制定不能拘泥于小节。

中期目标（1~5年）：你希望在多久以内升职，多久可以买房、买车，这都属于中期目标的内容。

短期目标（1~12个月）：这些目标就好比是一场淘汰赛中的预赛一样，这一目标能鼓舞你不断努力和前进，它会提示你，成功和回报就在前方，鼓足干劲，努力争取。

近期目标（1~30天）：一般来说，这是最切实的目标。它是你每周甚至每天都要做的目标，当你每天醒来，就要告诉自己，今天相对于昨天，我要达到什么样的目标，而当你有所进步时，它能不断地带给你幸福感和成就感。

因此，每一个身处职场的人都要先问问自己：5年之后、10年之后、20年之后，我的职业目标是什么？要达成这些目标，我还需要补充什么？意向中的那个职位究竟在哪些方面能帮助我提升？了解这些，也许对你的职场前景的转换更有帮助。

了解自己，看到自己的优势

成功学专家安东尼·罗宾曾经在《唤醒心中的巨人》一书中非常诚恳地说过："每个人都是天才，他们身上都有着与众不同的才能，这一才能就如同一位熟睡的巨人，等待我们去为他敲响沉睡的钟声……上天也是公平的，不会亏待任何一个人，他给我们每个人以无穷的机会去充分发挥所长……这一份才能，只要我们能支取，并加以利用，就能改变自己的人生，只要下决心改变，那么，长久以来的美梦便可以实现。"

尺有所短，寸有所长。对人来说也是这样，你这方面弱一些，在其他方面可能就强一些，找到自己的优势和承认自己的不足一样，都是一种智慧。其实，每个人都有自己的可取之处。例如，你也许不如同事长得漂亮，但你有一双灵巧的手，能做出各种可爱的小工艺品；你现在的工资可能没有大学同学的工资高，不过你的发展前景可能比他好等。

所以，每个人在确定自己的人生目标前，要先了解自己的优点和缺点，长处和短处，只有这样，我们才能在实践中发挥优势，弥补不足。而我们如果一直看不到自己的优势，就会让自己沿着一条错误的道路越走越远，使自己的能力与优势因此而受到限制，甚至使自己的劣势更加明显，使自己处于不利的位置。所以，从某种意义上说，能认清自己的优势，是一个人取得成功的关键。

事实上，我们不难发现，那些真正的成功者在成功前都曾有过一段自我摸索的时光，最终，他们找到了自己的目标，了解了自己的长处，并在自己的领域里取得了成功。

奥托·瓦拉赫是诺贝尔化学奖获得者，他一生跌宕起伏、甚是传奇。

当他还在中学读书时，他的父母就希望他未来能走文学之路，但是他并不想按照父母的意愿来过自己的人生。而且在第一学期结束时，老师对他的学习进行了这样的总结："瓦拉赫很用功，但过于拘泥，这样的人即使有着完美的品德，也绝不可能在文学上发挥出来。"

不过，好在他的父母是民主的，也认可和尊重孩子的想法，于是，他又去学油画。可瓦拉赫既不善于构图，又不会润色，对艺术的理解力也不强，成绩在班上是倒数第一，老师给的评语更是令人难以接受："你是绘画艺术方面的不可造就之才。"

面对如此"笨拙"的学生，绝大部分老师认为他已成才无望，只有化学老师认为他做事一丝不苟，具备做好化学实验应有的品格，建议他试学化学。

父母接受了化学老师的建议。结果，瓦拉赫智慧的火花一下被点着了。文学、艺术的“不可造就之才”一下子变成了公认的化学方面的“前程远大的高才生”。在同学中，他遥遥领先……

可见，成功是多元的，并没有高低之分，做自己适合的、擅长的事就可能取得成功。瓦拉赫的成功，说明这样一个道理：人的智能发展都是不均衡的，都有智能的强点和弱点，人一旦找到自己的智能的最有优势之处，使智能潜力得到充分发挥，便可取得惊人的成绩。这一现象常被称为“瓦拉赫效应”。幸运之神就是那样垂青于忠于自己个性长处的人。

松下幸之助曾说，人生成功的诀窍在于经营自己的个性长处，经营长处能使自己的人生增值，否则，必将使自己的人生贬值。他还说，一个能将牛奶卖得非常火爆的人就是成功的，你没有理由看不起他，除非你能证明你卖得比他更好。

当然，要想发展自身的优势，先要做到对自我价值的肯定，这不但有助于我们在工作中保持正面的积极态度，进而转换成积极的行动，而且无疑是一个超强的利器。为此，你需要做到的是：

1.发现你的优势

你先要明确自己的能力大小，给自己打个分，通过对自己的分析，深入了解自己，从而找到自身的能力与潜力所在。

（1）我因为什么而自豪？通过对最自豪的事情的分析，你可以发现自身的优势，找到令自己自豪的品质，如坚强、果断、智慧超群，从而挖掘出你继续努力的动力之源。

（2）我学习了什么？你要反复问自己：我有多少科学文化知识和社会实践知识？只有这样，你才能明确自己已有的知识储备。

（3）我曾经做过什么？经历是个人最宝贵的财富，往往从侧面可以反映出一个人的素质、潜力状况。

2.挖掘出自己的不足

（1）性格弱点。人无法避免与生俱来的弱点，必须正视，并尽量减少其对自己的影响。例如，你的独立性如果太强，可能在与人合作的时候，就会缺乏默契，对此，你要尽量克服。

（2）经验与经历中所欠缺的方面。“人无完人，金无足赤”，每个人在经历和经验方面都有不足，但只要善于发现、努力克服，就会有所提高。

3.常做自我反省，不断进步

日本学者池田大作说：“任何一种高尚的品格被顿悟时，都照亮了以前的黑暗。”你只要能做到自省，就有了一种高尚的品格！当你取得了一定的成绩后，切不可沾沾自喜、妄自尊大，要知道，人最难能可贵的就是胜不骄、败不馁，只有懂得自我反省，才能不断进步。

可见，一个人只有诚实地面对自己，与自己的内心对话，才能非常了解自己，找到自己的优点和缺点，同时不断地改正自己的缺点，查漏补缺，这样才能弱化自己的劣势、发扬优势，从而不断地超越自己。

选择职业时，要将兴趣考虑在内

我们发现，生活中，不少人总处于忙碌的状态，他们认为这样就证明自己在重要的岗位上。诚然，忙碌的状态并不错，但一定要忙而有目标，要向着一定的方向努力、忙碌，否则就容易陷入茫然。因此要围绕着自己的兴趣爱好选择自己的职业。

在工作中，能够从事自己最喜欢的事业，那是一种境界，是一种福气。有人说，工作要“爱你所做的”，这并没错，如果自己本来并不喜欢某个职业，那么，工作中就会充满很多无奈。当然，最好的状态就是因为喜欢所以选择，因为选择了而更加喜欢。

一个人能够为自己喜欢的事业做点儿事情，感觉是很幸福的，如果在自己喜欢的职业上取得了成功，就会更加满足。围绕自己的兴趣爱好选择职业，可以让人生少很多遗憾。一个人对一件事情感兴趣，如果始终没有进入这个行业，无论多么成功，他总有一点儿淡淡的遗憾。

每一个领域，在进入一个阶段以后都会变得枯燥乏味、平庸至极，人们凭什么可以熬过这一阶段？有人靠毅力，有人靠兴趣，而靠兴趣熬过这一阶段肯定要容易得多。因为好奇着前面还有怎样的奇景，因为对某个领域是衷心热爱着的，这样的情感可以帮助你更容易克服枯燥的感觉；而如果凭忍耐，那该多难熬啊！而且，一个人肯定会对自己喜欢的并选择了的职业更加投入，这就是自我驱动。

职业规划师认为，人们应在三十岁之前找到自己真正感兴趣的职业。当然，每个人的兴趣都是广泛的，但是你不可能有接触自己所有兴趣的机会，充其量有两三个机会供你选择。找出你衷心热爱着的，而又在这方面有一技之长的职业，专心地做下去，最终才可能成功。

还记得“南辕北辙”的故事吗？在一个不正确的道路上前进，你越忙，跑得越快，目标就会离你越远。弄清楚怎样的道路才是达到自己终极目标的道路，弄清楚哪条路对于自己来说才是正确的路，对一个人至关重要。年轻人可能会无数次地走错路，这都没有关系，只要在那条路上走得还不太远，就可以选择回头。忙而有顾，这个“顾”就是希望大家在忙碌的时候，能够抬头环顾一下自己选择的路是否正确，是否适合自己。

哪些事可以作为职业，哪些事仅可以当作业余爱好，每个人都有自己的判断。在那些你可以走得很远，走得很坚决而又能够维持最基本的生存的道路上走，你才可能一路开心，才可能有所成就。成熟的人懂得用自己的理智和直觉平衡地选择自己的职业，这个职业既是自己热爱的，又是自己可以走得很远的。

总之，如果工作在某些方面真的令你缺乏兴趣，那你就不要强迫自己每天在工作的时候保持微笑。一般情况下，你如果真的不喜欢自己所做的事情，对它缺少积极性，那么，不管你得到的薪水有多高，不管你的职业生涯攀上了多少高峰，都不值得你继续从事这份工作。

你如果并不了解自己的兴趣所在，那怎样才能挖掘出它们呢？有很多方法可以做到这一点。例如，在你目前的工作中，你最喜欢它的哪些方面？是和他人共处，还是不和他人共处？是智力挑战，还是解决问题或者某个问题在某一天结束的时候有了具体答案的满足感？不妨在安静的时候想一想。

无法热爱的工作，果断辞职

任何人，都有自己的喜好，对于工作也是，做自己喜欢的事，才会产生源源不断的热情，才会有所成就。可想而知，始终做着自己无法热爱的工作，这是一种怎样的煎熬。

生活中，相信那些为了薪水而工作却并不热爱工作的人都会倍感压力，会对自己的能力产生怀疑、有无用感等，而高度的精神压力甚至有可能导致心理问题乃至心理疾病。为此，专业的心理咨询师给出建议，那些因对工作状态不满意而感到压力大的患者，应该先调整自己的状态。

夜幕降临，喧闹的城市也已经安静下来了。

林先生和所有的城市白领一样，在忙碌了一天后，准备回家，但心情郁闷的他还是决定去呼吸一下新鲜空气。今天，他和上司吵架了，他们在下半年的年度计划安排上产生了很大的分歧，上司批评了他，所以他在考虑要不要辞职的事。

他把车停在了护城河边上，接下来，他打开了自己喜欢的轻音乐，然后靠在了椅背上，他觉得自己好累。他在这家公司工作五年了，五年来，他一直很努力，但不知道为什么他好像总是得不到上司的肯定，也一直没有得到升职的机会。可以说，他在这家公司一直工作得不开心，这到底是自己的原因还是因为没有得到肯定呢？

他反复思考着这个问题，最终，他发现，原来自己根本不喜欢这份工作，他一直倾向于设计类的工作，从大学开始，这就是他的职业理想，但毕业后的他却因为生计问题而选择了现在的工作。

想通了以后，他轻松了很多。第二天，他将辞呈放在了上司的办公桌上，这让很多同事感到愕然，但内里原因只有他自己知道。

这则案例中，林先生为什么作出辞职这个重大决定？因为他静下心来发现，自己的职业理想并不是现在的工作。

林先生的故事告诉我们，一份不适合自己的工作不会给你带来快乐，相反，却很有可能给你带来压力。所以，只有做自己喜欢的事、投资自己热爱的事业，才会收获快乐、收获财富。

自古以来，无论做什么，兴趣都是源源不断的动力。而很多成就卓著的人士的成功，都得益于他们充分了解自己的爱好、兴趣，根据自己的特长来进行定位或重新定位。在对自己进行准确定位前，你需要做的就是果断地放弃自己现在不擅长的事情。

同样，在现实工作中，我们只有热爱一份工作，才会有源源不断的动力，否则只会感到来自身心的压力。当你热爱自己的工作时，即便劳累一天，也会觉得内心坦然，会睡得踏实。那么，对于工作，我们该怎样选择呢？

1.在选择前，你应该考虑自己的兴趣

有句话说得好：“选择你所爱的，爱你所选择的。”为了培养你对工作的热情，在工作前，你首先应该考虑自己的兴趣。但是，你如果真的不喜欢自己所做的事情，也无法对它充满热情，那你就应该果断放弃，选择你感兴趣的工作。

2. 选择之后，专注于你的工作

有一位画家，他在绘画艺术上有着极为深厚的造诣，举办过上百次画展。一次，记者问他：“你成功的秘诀是什么？”

画家说道：“小的时候，我对所有的爱好都有所涉猎，如画画、拉手风琴、游泳等都学了点儿。那时，我还要求自己必须每一样都拿到出色的成绩，但很显然，这是不可能做到的，于是，我很苦恼，成绩也很不理想。

“我的父亲知道后，并没有责骂我，而是在一天晚饭过后，找来一个小漏斗和一捧玉米种子，放在桌子上。然后语重心长地告诉我：‘今晚，我想给你做一个实验。’

“父亲让我双手放在漏斗下面接着，然后捡起一粒玉米种子投到漏斗里面，玉米种子便顺着漏斗漏到了我的手里。父亲投了十几次，我的手中也就有了十几粒玉米种子。最后，父亲一次抓起满满一把玉米种子放到漏斗里面，玉米种子相互挤着，竟一粒也没有掉下来。父亲意味深长地对我说：‘这个漏斗代表你，假如你每天都能做好一件事，那你每天就会有一粒玉米种子的收获和快乐。可是，当你想把所有的事情都挤到一起来做，反而连一粒玉米种子也收获不到了。’

20多年过去了，我一直铭记着父亲的教诲：‘每天做好一件事，坦然微笑地面对生活。’”

对一个领域100%的精通，要比对100个领域各精通1%强得多。因此，拥有一种专门技巧，要比那种样样不精的多面手更容易成功，以十五分的精力去追求你想得到十分的成果，它会带给我们一些真正意义上的收获。

其实，并不是所有行业都妙趣横生，甚至无论做什么，你都要忍受其枯燥乏味。所以在我们选择好工作领域之后，我们就要投入精力，要知道，工作都会因为工作环境的一成不变而变得枯燥乏味。可见，一份工作有趣与否，取决于你的看法。对于工作，我们可以做好，也可以做坏；可以高高兴兴地、骄傲地做，也可以愁眉苦脸地、厌恶地做。如何去做，这完全取决于我们自己。

总之，一份不热爱的工作会给我们带来很多痛苦，尤其是心灵上的。并且，无论做什么事，没有热情的努力往往都是徒劳无功的。有了兴趣，你才会热爱，才会珍惜你的时间，把握每一个机会，调动所有的力量去争取出类拔萃的成绩。

生命之轮：认知生活平衡的好方法

在快节奏的现代社会，人们感到生活、工作压力越来越大，我们很容易失去原本想要的平衡的生活，也很容易忽视生活中那些能带给我们幸福和快乐的因素。此时，我们不妨尝试运用生命之轮的方法。

我们可以画出一个转盘，将其划分成等额的八个部分，内容包括健康、个人成长、事业与职业、财务情况、社会贡献、娱乐消遣、人际关系、浪漫史，并用心观察我们的生活。事实是，如果不学习如何用心观察我们的日常生活，我们可能就会把所有的时间和精力都集中在一个单一的领域，而忘记和忽视其他重要的部分。这个时候，我们需要好好审视一下自己的生活，才能让一切恢复平衡。

这就是生命之轮可以作为一个非常有用的信息资源的原因。它能帮助我们观察生活中不同的领域，然后确定哪些领域做得很好，哪些领域需要我们分配更多的注意力。另外，它可以通过图形化的方式表示我们生活中不同的领域，用现在的样子与我们理想的样子相比较。然后，我们就可以确定我们生活中这些不同领域目前所处的位置和我们希望它们所处的位置之间的差距，从而直观地看到生活中需要注意的地方。

通过理解这一点，我们可以确定需要采取哪些步骤才能过上幸福和成功的生活。

那么，生命之轮如何运转？

生命之轮的每一个“片段”都代表着你生命中不同领域的一个类别。这些类别中的每一个都由你按1~10进行评分，1分代表较差的分数，10分代表优秀的分数。

当你完成了对你现在感觉的每个不同类别的评分，你就会得到一个类似马赛克轮子外观的图表。这可以让你直观地了解到你现在生活中缺少的是什么。

然后，你可以再一次绕着生命之轮转一圈，并指出理想情况下你希望这些类别处于哪个位置。这样一来，你就可以形象地了解生活中哪些方面在此刻最需要你的努力和关注。

记住，生命之轮的各个方面都对你的生活有重要的影响。所以，你的目标不应该是拥有一个完美的轮子，而应该是在建立个人的生命之轮时尽可能诚实地回答这些问题。这将为你当前的生活提供最准确的描述和最有用的信息。

然而，生命之轮的类别可能会有一些变化。因为没有人的生活是完全相同的，不同的人可能会有不同的生活方式。但重要的是，你选择的类别能够准确地反映你生活中重要的方面。话虽这么说，但也有一些共同点。

1.健康

在这个类别中，你的目的是评估自己的健康程度。为此，你可以问自己一些问题，如你多久锻炼一次身体？锻炼的项目是什么？你的饮食结构是怎样的？为了保证自己的身体更健康，你还有什么更好的做法？

2.个人成长

这个类别关注的是你如何投资你的个人成长。你是否在追求那些能给你带来新体验的机会？你渴望学习新事物吗？你正在做什么来改进和发展成为你希望有一天成为的人？

3.事业与职业

在这个类别中，你可以考虑你当下的职业并评估你对它的满意程度。你对现在的工作满意吗？还是你更愿意在不同的领域从事一份不同的工作？你现在的工作能让你感到快乐和有价值感吗？它能支持你获得想要的生活吗？

4.财务情况

生命之轮上的财务类别引导你思考你当下的收入是否能满足你的基本生活需求，是否能帮助你获得你想要的生活方式？未来五年，你的收入会有一个你比较满意的增长幅度吗？

是的，金钱不是影响我们幸福的唯一因素，但它无疑是关键的因素之一。

5.社会贡献

这一类别要求你反省你曾回馈给他人什么，包括你周围的人、你所在的社区等。你曾做过什么有益于他人的事吗？你会做志愿者吗？你帮助过当地的一些俱乐部吗？你是否参与公共事项的讨论，使你的社区对每个人来说都是一个更健康、更安全的地方？

6.娱乐消遣

在这里，想想你从事什么样的活动能给自己带来生活的满足和乐趣。不管是运动、阅读、写作，还是其他的爱好都不重要。重要的是，你正在做的事情能定期给你带来快乐。

只工作，不玩耍，只会让人枯燥地度过一天又一天，最终导致枯燥而不令人满意的生活。

7.人际关系

现在，你要评估你和其他人的关系。当你这么做的时候，问问自己，你是否觉得这些关系建立在一个良好的基础上？你信任关系中的另一个人吗？你们互相支持吗？你能从目前以积极的方式建立的关系中向前发展吗？这些关系对你的日常生活有积极的影响吗？

8.浪漫

这是关于特定关系的问题，在我们每个人的生命之轮中，伴侣关系是最为重要的关系之一。为此，你可以问自己一个最重要的问题：你有一个对你忠诚的伴侣吗？你们是否支持彼此的成长？你们的价值观一致吗？你们能让对方笑吗？

在另一个人身上找到所有这些东西是非常罕见的，所以你如果找到一个经常检查这些类别的人，你可能已经找到了一个特别的人，值得你和他在一起。

而且，你一旦完成了你的人生之轮，并准确而诚实地为每个类别确定了当前和理想的分数，你就可以通过这些理解和见解来改善你的生活。

你可能会问自己这样的问题：

在目前的某一特定领域内，为什么你的分数很低？

在你目前的位置和理想的分数之间，哪个类别的差距最大？

你能做什么来将类别分数从当前位置移动到你理想的位置？

在你的生命之轮上，对你最重要的类别是什么呢？

对你生活影响最大的类别是什么？

要给予更多关注的类别有哪些？

有哪些类别是你希望较少关注的？

这些都是你可以回答的重要问题，能为你改善生活提供有用的信息。

通过像这样审视你的整个生活，你也可以开始建立不同领域之间的联系。例如，你的职业如何影响你的个人发展，或者你的人际关系如何影响你的经济状况和生活乐趣？这些都是生命之轮使之更容易形象化的东西。

记住，我们总是有能力进行改变和改进的。所以，你如果对生命之轮上的某些类别或整个轮子上的某些类别不满意，那就要有动力去做出改变！除非你这样做，否则这些事情是不会起作用的！

第02章

理性选择，作决定前不要被一时的情绪左右

生活中，每个人都是情绪化的动物，都有喜、怒、哀、乐，但是正因为情绪的存在，我们更应该理性抉择，越是理性，越是能作出理智的决断；反之，一旦被情绪控制，我们常常会做出让自己后悔的事来。那么，如何防止情绪对于决策的干扰呢？这就是本章要讨论的内容。

深思熟虑，防止做出错误选择

克雷洛夫曾经说过一句话：“伟大不只在事业上惊天动地，他时常不声不响地深思熟虑”。这句话强调了一个人是否能做成大事的一个必备品质——深思熟虑。的确，大到国家，小到个人，做事的时候都必须有计划性，只有做到缜密行事、步步为营，才能防止选择错误，才能让成功多一分胜算。要把一件事情做好，一般都要经历资料收集、深入调查、分析研究、最终下结论这样一个过程。

然而，不得不说，在我们的生活中，有些人总是改不了粗心的毛病，思考问题时，思维紊乱，东拉西扯，始终是稀里糊涂；生活中也是粗心大意。而结果只能是，总是作出错误的抉择，事情也做不到尽善尽美，长此以往，也就形成了一些不良的行事习惯。

我国古代有这样一个故事：

很久以前，在黄河岸边，有一座村庄，这座村庄的村民经常受到黄河水患的祸害。于是，为了防治水患，村民们在黄河沿岸筑起了巍峨的长堤。

一天，一个老人在大堤上发现有好几个蚂蚁窝，老人心想，这些蚂蚁窝会不会对黄河大堤造成一些不好影响呢？于是，他把自己的担忧告诉了自己的儿子和村里人，但他们听后不以为然地说：那么坚固的长堤，还害怕几只小蚂蚁吗？于是，老人也放心地耕地去了。

谁知道，当天晚上就下起了大雨，黄河水暴涨。咆哮的河水从蚂蚁窝开始渗透，继而喷射，终于冲决长堤，淹没了沿岸的大片村庄和田野。

这就是“千里之堤，溃于蚁穴”这个成语的来历。在我们身边，也经常发生因为细节上的欠缺考虑而导致“满盘皆输”的事情。这给我们一个警示：无论是学习还是做事，都要做到思虑周全，忽略细节容易导致功亏一篑。当然，做好生活中的每一件小事也并不容易。

的确，思维指导行动，如果思虑不周全，那就好比一个机器上的关键零件出现问题，就意味着满盘皆输。我们任何人，无论是在学习还是做事的过程中，都要做到多思考、勤思考。思维的力量是巨大的，但人的大脑就如同一台机器，长时间不使用，它的工作能力就会下降甚至不适用。

我们作抉择时的草率、盲目体现在：情绪取代理智，使行动具有盲目性。行动之前缺乏思考，只要能赚到钱违法乱纪的事情都会去做。这种病态心理也是当前违纪犯罪事件增多的一个主观原因。可以说，这是我们人生路上的大敌，如有的年轻人看到歌星挣大钱，就想当歌星；看到企业家、经理神气，又想当企业家、经理，但又不愿为了实现自己的理想努力学习。还有的年轻人兴趣爱好转换太快，干什么事都没有常性，今天学绘画，明天学编程，三天打鱼两天晒网，忽冷忽热，最终一事无成。

总之，任何一个渴望做事成功的人都要明白，成功总会光顾那些既有头脑、又有勇气的人。而要克服草率盲目，还需要你从日常生活和学习中开始训练。具体来说，你可以这样做。

1.勤于思考

思维的力量是巨大的，因此，要想拥有智慧，就要有善于思考的头脑。真正的“有头脑”，指的是善思考、勤实践，有思想、智慧、远见、卓识和才干。一个人虽然长着脑袋，但若不善用脑袋，缺少思想、智慧、远见、卓识和本领，是不能算是有头脑的。

因此，在日常生活中，你如果遇到一些以你的知识储备不能解决的问题，就要开动自己的大脑，用自己的方法找到答案。

2.作选择前要制订完善的计划和标准

要想把事情做好，你必须在心中为自己设定一个合理的标准，并且在做事时，要尽量按照这个标准来执行，决不能马虎；另外，在作任何一项决策前，一定要思虑周全，并作广泛的调查论证，广泛征求意见，尽量把可能发生的情况考虑进去，以尽可能避免出现不必要的漏洞，直至达到预期效果。

3.做事要有条理有秩序，不可急躁

年轻人往往容易急躁，但任何一件事，从计划到实现的阶段，总有一段所谓时机的存在，也就是需要一些时间让它自然成熟。假如过于急躁而不甘等待的话，就会遭到破坏性的阻碍。因此，无论如何，我们都要有耐心，克制那股焦急不安的情绪，这样才不愧是真正的智者。

要理智选择，首先要学会管理自己的情绪

我们知道，人都是情绪动物，我们的情绪会被周围的人和事所影响。但那些理智的人能做到处变不惊、理性分析事物，而相反，那些性情散漫、毫无节制的人，总是受自己的情绪摆布。于是，他们起伏摇荡于这种恶性失衡之中，做事时陷入自相矛盾的境地。这种过分轻狂不仅毁掉了他们的意志，也殃及他们的判断力，干扰了他们的理解力。

生活中的任何人，在作抉择前一定要保持理智，遇事也要理性一点儿，因为冲动可能会让自己一败涂地。所以从现在起，你一定要做到自制，只有理智思考才能作出正确的选择。

俗话说：态度决定一切。这就是说，一个人情绪糟糕，容易冲动，往往会作出错误的决定，会把事情办糟。即使遇到了好事和良机，也会因为不良的情绪，使自己产生出无形的压力，让自己的能力无法充分发挥，最终错过这些机遇。

的确，心态决定人生，也决定了人的生活方式，能否做到理性地处理事情也是心态好坏的表现。能控制自己的情绪，就会控制由冲动带来的一系列恶性循环，心情好，就什么都能做

好。然而，生活中有太多的人，他们把人生看得太悲观，认为人活着就累，其实，这是因为他们没有调整好心态。生活的状态如何，往往取决于你自己的心态，你完全可以选择和调控你的心情。同样的处境、同样的事情，你以淡定的态度去对待，就会感到轻松自如；你用烦躁易怒的态度去对待，就如同掉入黑暗的深渊。

一个人的心态可以控制和调节一个人的思维能力，因此，我们需要在生活和学习中掌握调整心态的两种训练方法。

1.自我暗示

积极的自我暗示能使自己获得信心，而消极的自我暗示却正好相反。自我暗示最好在似睡非睡的状态进行。在你从事紧张活动之前，使自己进入安静舒适、昏昏欲睡的松弛状态，然后反复默念一些建立信心、给人力量的话，是会起到一定的作用的。

2.自我激励

自我激励即自己给自己提出任务、自己给自己奖惩、自己要求自己、自己做自己的指挥官。自我激励的方式有以下四种：

（1）制订切实可行的计划，安排好必须做好与可做可不做的事情，然后给自己作出奖惩规定。

（2）写出座右铭，时时勉励自己。

（3）常写日记，在日记中进行自我监督。

（4）口头命令。每遇困境、或身临危急之时，要学会自己指挥自己。通过口头命令，可以组织自身的心理活动，获得精神力量。

分析利弊，谨慎抉择

生活中，总是有一些人，他们太过感性，凡事凭心情，而事后他们发现，原来自己作了错误的决定、导致了错误的结果。相反，那些真正智慧之人，往往都具有更长远的眼光，他们在决定之前，都会对各个选项进行利弊分析，正因为懂得谨慎抉择，所以他们的人生路走得比别人更为轻快、顺畅。

所谓权衡利弊，就是根据自身条件以及所处环境，在分析各个选择的好处与坏处之后，作出最利于自己的选择。由此可见，人在作选择时，权衡利弊是可以帮助我们想出良策以达到目的的。

只有权衡利弊，才能保证收益。例如，越王勾践在成为阶下囚以后，并没有马上复仇，而是选择忍辱负重、卧薪尝胆，伺机复仇，才最终灭吴复国，成为春秋霸主。这正是权衡利弊之功。所以，权衡利弊是保证收益的必要条件。

“遇事冷静，分析严谨”是做到权衡利弊的前提。诸葛亮七擒七纵孟获，尽管耗费了不少人力、物力，却为其北伐断绝了后顾之忧。这正是诸葛亮“遇事冷静，分析严谨”所造就的。若非诸葛亮如此，就不可能做到权衡利弊，以达到目的。

如果遇事不权衡利弊而盲目作出选择的话，就很可能导致这件事做不好，也达不到目的。权衡利弊是我们必须学会的一项“技能”；权衡利弊能帮助我们作出更优的选择，趋利避害。

万维钢曾经在“精英日课”专栏中提到美国政治家、科学家本杰明·富兰克林的抉择方法——“道德算法”，具体的做法如下。

拿出一张纸，在这张纸的中间画一条竖线，在竖线的左边写上做的理由，而在竖线右边则列举出不做的理由。将这些理由都列举出来之后再进行权衡利弊，如果两个理由是对立的，那就将它们划掉，这样划掉一些，最后剩下的理由中，哪边多则选择哪边。

实际上，这个方法的核心是探索一个选择项对决策者的利弊，然后作出决定。同样，我们在日常生活中作决策时也可以参照这样的方法。

并且，我们还可以将这一方法进行梳理和扩展，进而得出更具操作性的方法。

这一方法的步骤有以下四个：

第一步，画表格

画出一个N行×5列的表格。

第二步，列因素（重要）

将这一选择的优缺点都列出来，且要做到尽量完善，目的是将决策的因素尽可能全面地考虑在内，这样能尽量避免因为一两个积极因素的存在而将其他因素忽略的情况，在经济学中，这一行为叫“可得性偏见”。作决策要尽量避免这种偏见的发生和影响。

这一步骤不但是最重要的步骤，也是最难的步骤，因为它涉及信息量的问题，而且，我们作决策的时候信息总是不够。对此，我们可以先将自己能考虑到的因素列出来，而想不到的部分，可以通过搜索引擎搜索，或者到一些知识社区搜索，这样就能获得比较全面的了解。

另外，需要注意的是，因素的数量多少并不是最重要的，关键在于列出要考虑的核心因素。一开始使用这一方法的时候难度可能比较大，但是经过多次练习，以后就会更加顺手了。

第三步，审核因素（选项）

再次确认每一选项的优缺点，看看是不是自己所看重的，如果自己十分看重，就打勾，如果不是自己看重的因素便放弃。如此将所有因素都审视几遍。

第四步，得出结论，作决策

通过多次审视，汇总优势和劣势一列中自己选择的因素项各有几个，然后进行比较。如果优势项打勾更多，则肯定这一决策；如果劣势项打勾更多，则否定这一决策。

当然，这里列出的因素和每个人作同样决策列出的因素项可能不太一样，这是一个主观判断加客观因素综合评估的过程，每个人的考虑因素会有很大的差异。但重要的不是这些因素对你有没有价值，而是你要学会使用这一方法，在遇到问题的时候能有意识地去使用这样一个利弊决策的分析方法。

控制自己的情绪，隐藏好你的真实目的

我们都知道，在作任何决策时，都要克制情绪的影响，同样，人际较量中的任何一个决定更应如此。唯有控制自己的情绪、隐藏好自己的真实目的，才能排除他人的有意干扰，进而使最终结果有利于自己。

张先生是一家工厂的老板，最近，他的生意做得不错，在为自己购置了新的房产的同时，他还准备买一辆新车，于是，他就必须把自己那辆旧的老爷车处理掉。他在心中打定主意，在出售这辆旧车的时候，卖价一定不能低于3万元。之后，有一个买家前来看车，在双方谈判交易金额时，买主便滔滔不绝地讲了这辆车的很多缺点，但是张老板始终一言不发，任凭买家不停地讲。

最后，买家终于停止了批评，并且突然说了一句话："这辆旧车我最多只能出价5万元，再多的话，我就不要了。"于是，张老板很幸运地多赚了整整2万元。

案例中，张先生为什么能幸运地多赚取整整2万元？人们常说："沉默是金"，谈判中，张先生始终保持沉默，一言不发，那么，无论买家怎么贬低那辆旧车，也摸不着他的底细。可以说，他的冷静起到了决定性作用。

确实是这样，我们总是不愿意在接受别人批评的时候保持沉默，如面对一个难以说服的客户。其实，有时候，"此时无声胜有声"，沉默可以让对方谨慎发言，可以给对方和自己都留余地，甚至可以使局面发生巨大的变化。

可见，适当沉默是你沟通中无声的"武器"，它会让你在与人沟通的过程中畅通无阻！当然，在与人较量的过程中，我们要想隐藏好自己的真实目的，还需要明白以下几点。

1.控制自己的情绪，不让情绪出卖你

很多时候，我们保持沉默是为了让对方产生信任感，虽然任何人都是有情绪的，但也不要让自己的情绪暴露自己。

2.细心观察，了解对方

与他人较量，声东击西，最重要的是对对方心理的把握，这就需要我们具备一定的观察能力。只有这样，你才能处于较量中的主导地位，当然，这一过程中的观察，无外乎针对对方的眼神、动作及语言！

3.说话保持客观公正的态度，以隐藏好自己的目的和动机

我们强调要隐藏好真实目的，并不是说三缄其口、从不说话，而是少说。一般来说，我们若想赢得成功，就必须探知

对方的内心世界，从而攻破对方心理堡垒，但无论使用什么方法，一定不要让他知道你的意图，为此，在说话时，你要保持公正客观的态度。如果对方发现你说话时带有某些情绪色彩，那就很容易被对方识破。

当然，在双方较量的过程中，我们不可完全没有“动作”，到了你该说话、该表态的时候，众所瞩目，你三缄其口，还是会让大家不满意的。

另外，当用常规的手段无法达到目的时，有时不妨另辟蹊径，寻找其他解决方法。为了不引起目标者的怀疑，制造假象、掩盖自己的真实目的很重要。

警惕沉没成本效应，不可因不甘心而继续投入成本

生活中，你常常会面临这些看似难以作出决断的两难选择，一面是无可挽回的损失，另一面是为挽回损失而进行更大的成本投入。对于无可挽回的损失，就不值得我们再投入成本，就像当一段友情无法挽回时，你最明智的选择就是：到此为止，不要过多纠缠。

经济学中有这样一个真实的故事：

在某个城市的郊区，有一家工厂，这家工厂是一家大型企业投资建成的，建成后，由于市场不景气，工厂一直亏损。但是管理者不甘心已经投入的五十万元就这么打水漂了，于是，为了增强产品的市场竞争力，管理者又从德国引进了最先进的机器。但谁料，此时市场已经饱和，他们的产品依然销量不好，该工厂依然亏损，而且，管理者的投入资金已经达到一百万元了，如果放弃的话，那么，这些投资就会石沉大海。于是，管理者又投入三百万元，谁知道，仍然事与愿违。就这样，管理者前后花了几百万元，却没能将一家工厂救活。

很明显，这一案例中，工厂的管理者因为不甘心已经投入的成本打水漂而不断加大投资，最终他们的损失越来越大。

关于这一点，经济学上有个著名的沉没成本效应可以作出解释。沉没成本效应的原始定义为：如果人们已为某种商品或劳务支付过成本，那便会增加该商品或劳务的使用频率。这一定义强调的是金钱及物质成本对后续决策行为的影响。也就是说，一旦付出之后，人们有个成本心理，因而会继续自己的投资行为，即使这一行为并不是明智的。

决策中也是如此，如果我们抛不开沉没成本，往往会导致更多的成本损失。例如，上面的案例中，如果工厂管理者能够意识到抛开沉没成本的决策，那就不会造成巨额的损失了。

总之，在决策上，我们应该综合考虑各方面的因素，作出正确的判断，避免决策失误。当然，即使决策失误了，我们也不能因为不甘心而继续投入成本，要避免将错就错，要果断地作出新的决策，以使损失降到最低。

第03章

学习常见决策思维模型，让决策更明智

无论是个人还是企业，都需要作决策，那么，你是否会借助思维模型来辅助决策过程？如果有，你通常会使用哪些思维模型呢？事实上，思维模型数不胜数，在不同的场景下，你是否知道该选择哪种最有效的思维模型？本章介绍了10种思维模型，学习这些思维模型，能帮助你在以后的工作和学习中更高效地决策。

德尔菲法：高效重要的判断预测工具

德尔菲法，也称专家调查法，1946年由美国兰德公司创始实行，其本质上是一种反馈匿名函询法，其大致流程是：对于要讨论、预测的问题进行意见征询，在获得专家的意见后，进行整理、归纳、统计，再匿名反馈给各专家，然后征求意见，再集中，再反馈，直到最后获得一致的意见。

该方法是由企业组成一个专门的预测机构，其中包括若干专家和企业预测组织者，按照规定的程序，背靠背地征询专家对未来市场的意见或者判断，然后进行预测的方法。

德尔菲法的过程可简单表示如下：匿名征求专家意见—归纳、统计—匿名反馈—归纳、统计……若干轮后停止。

由此可见，德尔菲法是一种利用函询形式进行的集体匿名思想交流过程。它有三个明显区别于其他专家预测方法的特点，即匿名性、多次反馈、统计性。

在德尔菲法的实施过程中，始终有两方面的人在活动，一是预测的组织者，二是被选出来的专家。

应注意的是德尔菲法中的调查表与通常的调查表有所不

同，它除了有通常调查表向被调查者提出问题并要求回答的内容外，还兼有向被调查者提供信息的责任，它是专家们交流思想的工具。德尔菲法的工作流程大致可以分为四个步骤，在每个步骤中，组织者与专家都有各自不同的任务。

1.开放式的首轮调研

（1）第一轮调研由组织者发给专家，这一轮调查是开放式的，不带有任何束缚性的条条框框，组织者只需要提出预测问题，让专家们围绕这一问题提出预测事件，因为如果给予太多限制，很可能就会将一些重要的事件遗漏掉。

（2）组织者将收集到的专家调查表进行归类和整理，将其中的一些次要事件进行排除，用准确术语提出一个预测事件一览表，并在此基础上发给专家进行第二轮调研。

2.评价式的第二轮调研

（1）对于第二步调查结果，专家要对其中的每个事件进行评价，比如：事件发生的时间、争论问题或者或迟或早发生的理由。

（2）组织者对于第二步中专家的意见再次进行统计、归纳和整理，然后给出第三张调查表。第三张调查表包括事件、事件发生的中位数和上下四分点，以及事件发生时间在四分点外侧的理由。

3.重审式的第三轮调研

（1）组织者向专家发放第三张调查表，让专家重审争论。

（2）让专家评价上下四分点外的对立意见。

（3）给出自己新的评价（尤其是在上下四分点外的专家，应重述自己的理由）。

（4）如果对于自己的观点进行更正，也必须给出改变的理由。

（5）组织者将专家提出的新的评价与争论的部分进行回收，与第二步类似地统计中位数和上下四分点。

（6）总结专家观点，形成第四张调查表。其重点在争论双方的意见。

4.复核式的第四轮调研

（1）发放第四张调查表，专家再次评价和权衡，作出新的预测。是否要求作出新的论证与评价，取决于组织者的要求。

（2）回收第四张调查表，计算每个事件的中位数和上下四分点，归纳总结各种意见的理由以及争论点。

不过，需要指出的是，并不是所有有待预测的事件都必须经过以上四个步骤。有的分歧较小的事件可能在第二步就达到了意见的统一，也有的事件即使到了最后一步也未必能达到统一，不统一也可以用中位数与上下四分点来作结论。事实上，总会有许多事件的预测结果是不统一的。

六顶思考帽：有效实用的决策与沟通工具

六顶思考帽，是法国学者爱德华·德·博诺博士开发的一种思维训练模式，或者说是一个全面思考问题的模型，是指使用六种不同颜色的帽子代表六种不同的思维模式。它提供了“平行思维”的工具，避免将时间浪费在互相争执上。强调的是“能够成为什么”，而非“本身是什么”，是寻求一条向前发展的路，而不是争论谁对谁错。运用博诺的六顶思考帽，将会使混乱的思考变得清晰，使团体中无意义的争论变成集思广益的创造，使每个人变得富有创造性。

六顶思考帽是一个操作简单且经过反复验证的思维工具，它给人以热情、勇气和创造力，让你的每一次会议、每一次讨论、每一个决策都充满新意和生命力。它能帮助我们：增加建设性产出；充分研究每一种情况和问题，创造超常规的解决方案；使用“平行”思考技能，取代对抗型和垂直型思考方法；提高企业员工的协作能力，让团队的潜能发挥到极限。

“六顶思考帽”思维方法使我们将思考的不同方面分开，这样，我们可以依次对问题的不同侧面给予足够的重视和充分的考虑。就像彩色打印机，先将各种颜色分解成基本色，然后将每种基本色彩打印在相同的纸上，就会得到彩色的打印结果。同理，我们对思维模式进行分解，然后按照每一种思维模式对同一事物进行思考，最终得到全方位的“彩色”思考。

六顶思考帽，是指使用六种不同颜色的帽子代表六种不同的思维模式。任何人都有能力使用以下六种基本思维模式：

1.白色思考帽

白色代表客观、中立。戴上白色思考帽，人们思考时就会关注客观的事实和数据。

2.绿色思考帽

绿色代表生机、向上发展。戴上绿色思考帽，意味着创造性思考、头脑风暴、思维的求异等功能。

3.黄色思考帽

黄色代表价值与肯定。戴上黄色思考帽，意味着人们考虑问题比较积极正面、乐观、向上等。

4.黑色思考帽

黑色与白色刚好相反，戴上黑色思考帽，意味着人们思考的态度是怀疑的、否定的，意味着进行合理性批判、纠错等。

5.红色思考帽

红色是情感的色彩。戴上红色思考帽，人们可以表达自己最直观的感受、情绪等。

6.蓝色思考帽

蓝色思考帽负责控制和调节思维过程。负责控制各种思考帽的使用顺序，规划和管理整个思考过程，并负责得出结论。

在多数团队中，团队成员被迫接受团队既定的思维模式，限制了个人和团队的配合度，不能有效地解决某些问题。运用六顶思考帽模型，团队成员不再局限于某一单一思维模式，而且思考帽代表的是角色分类，是一种思考要求，而不是代表扮演者本人。六顶思考帽代表的六种思维角色，几乎涵盖了思维的整个过程，既可以有效地支持个人的行为，也可以支持团体讨论中的互相激发。

一个典型的六顶思考帽团队在实际中的应用步骤：

（1）陈述问题事实（白帽）。

（2）提出如何解决问题的建议（绿帽）。

（3）评估建议的优缺点：列举优点（黄帽），列举缺点（黑帽）。

（4）对各项选择方案进行直觉判断（红帽）。

（5）总结陈述，得出方案（蓝帽）。

简言之，六顶思考帽是管理思维的工具、沟通的操作框架、提高团队IQ的有效方法。

KT决策法：最负盛名的决策模型

KT决策法是由美国人查尔斯·H.凯普纳和本杰明·特雷高二人合创研究发明的把发现问题分为界定问题和分析原因两步的方法。KT法是一种思考系统，即就事情各自的程序，按照时间、场所等，明确区分发生问题的情形和没有发生问题的情形，由此找出原因和应该决定的办法。

1958年，查尔斯·H.凯普纳和本杰明·特雷高成立了凯普纳—特雷高公司。该公司是一家位于普林斯顿的国际管理咨询公司，主要为企业提供解决问题和决策制定方面的培训。在出版于1965年的《理性经理人》一书中，凯普纳和特雷高提出了制定有效决策的三个主要组成部分：对所要完成的任务目标的认识程度，对备选方案进行评估的质量，对采用其他方法可能导致的后果的了解程度。

他们使用了这一分析对决策分析方法论的主要因素进行了定义：制定决策声明；决策目标的确认，即：哪些是“必要目标”（必须被完成的目标），哪些是“理想目标”（最好能够完成，但不是最主要的目标）；备选方案的确认；对各种决策后果进行评估。

由此，我们可将KT决策法简洁地归纳如下：制定决策声明，明确决策制定的水平（他们认为，这一方法对一个企业来说最为有效）；制定决策目标并明确“必要目标”和“理想目标”，然后根据彼此之间的关系衡量“理想目标”的重要性（如：由1—10进行打分）；制订其他备选方案并进行评估。如果备选不能满足“必要条件”则将其删除。否则，剩下的备选方案可根据“理想条件”进行筛选；根据各个标准进行评分的总和为每种备选方案的最终得分。得分高的方案将被确定为尝试性选择；考虑尝试性选择实施过程中的潜在风险。如果风险过高，则放弃此项尝试性选择，转而考虑下一个得分最高的备选方案。

KT法主要强调的是问题诊断必须符合条理化的逻辑步骤，分为三个步骤：

第一步，确认问题

即确认有没有问题，以及问题出现在哪里。如果是公共决策，问题的含义是“实际状态与期望状态间存在的需要缩小或消灭的差距”。为此，必须了解期望的状态、实际状态以及二者之间的差距这三个方面。

第二步，诊断问题

也就是问题界定。通过准确找出差距的真相以及发生的时间与地点，以便把问题的范围与界限弄清楚。

第三步，原因剖析

KT决策法强调：①要从变化与差距中寻找原因；②要对推断原因作出必要的验证；③对于构成因果链关系的情况，要从表面原因入手找到终极原因。

现在，KT决策法被翻译成17种语言，已经被全球成千上万家企业和经理人使用。

KT决策法提供的决策分析是没有偏见的，作为一种结构化的决策方法，它对决策相关各要素一一进行辨识和排序。作为一种管理工具，KT决策法的价值在于，它能够有效限制误导决策的各项故意的或无意的偏见。

这一决策方法可以广泛应用于各个领域，如市场、选址等。KT决策法的使用者可以根据清晰明确的目标对各选择方案进行逐项评估，从而优化最终决策结果。

头脑风暴法：激发团队创新的有效决策工具

头脑风暴法，由美国BBDO广告公司的亚历克斯·奥斯本首创，该方法主要由价值工程工作小组人员在正常融洽和不受任何限制的气氛中以会议形式进行讨论、座谈，打破常规，积极思考，畅所欲言，充分发表看法。

在群体决策中，由于群体成员心理相互作用影响，易屈于权威或大多数人意见，形成所谓的“群体思维”。群体思维削弱了群体的批判精神和创造力，损害了决策的质量。为了保证群体决策的创造性，提高决策质量，管理上发展了一系列改善群体决策的方法，头脑风暴法是较为典型的一个。

采用头脑风暴法组织群体决策时，要集中有关专家召开专题会议，主持者以明确的方式向所有参与者阐明问题，说明会议的规则，尽力创造融洽轻松的会议气氛。一般不发表意见，以免影响会议的自由气氛。由专家们“自由”提出尽可能多的方案。

头脑风暴为何能激发创新思维？根据奥斯本及其他研究者的看法，主要有以下几点。

1.联想反应

联想是产生新观念的基本过程。在集体讨论问题的过程中，每提出一个新的观念，都能引发他人的联想。相继产生一连串的新观念，产生连锁反应，形成新观念堆，为创造性地解决问题提供了更多的可能性。

2.热情感染

在不受任何限制的情况下，集体讨论问题能激发人的热情。人们自由发言、相互影响、相互感染，能形成热潮，突破固有观念的束缚，最大程度地发挥创造性的思维能力。

3.竞争意识

在有竞争意识的情况下，人人争先恐后，竞相发言，不断地开动思维机器，力求有独到见解，新奇观念。心理学的原理告诉我们，人类有争强好胜心理，在有竞争意识的情况下，人的心理活动效率可增加50%甚至更多。

在集体讨论解决问题的过程中，个人的欲望自由，不受任何干扰和控制，是非常重要的。头脑风暴法有一条原则，不得批评仓促的发言，甚至不许有任何怀疑的表情、动作、神色。这就能使每个人畅所欲言，提出大量的新观念。

采用头脑风暴法应遵守如下原则。

1.庭外判决原则（延迟评判原则）

对各种意见、方案的评判必须放到最后阶段，此前不能对别人的意见提出批评和评价。认真对待任何一种设想，而不管其是否适当和可行。

2.自由畅想原则

欢迎各抒己见，自由讨论，创造一种自由、活跃的气氛，激发参加者提出各种荒诞的想法，使与会者思想放松，这是头脑风暴法的关键。

3.以量求质原则

追求数量，意见越多，产生好意见的可能性越大，这是获得高质量创造性设想的条件。

4.综合改善原则

探索取长补短和改进办法。除提出自己的意见外，鼓励参加者对他人已经提出的设想进行补充、改进和综合，强调相互启发、相互补充和相互完善，这是头脑风暴法能否成功的标准。

5.求异创新原则

突出求异创新，这是头脑风暴法的宗旨。

6.限时限人原则

规定时间内完成头脑风暴。

5W2H分析法：一种调查研究和思考问题的有效办法

5W2H分析法又叫七问分析法，由第二次世界大战中美国陆军兵器修理部首创。此方法简单、方便，易于理解、使用，富有启发意义，广泛用于企业管理和技术活动，对于决策和执行性的活动措施也非常有帮助，也有助于弥补考虑问题的疏漏。

发明者用五个以W开头的英语单词和两个以H开头的英语单词进行设问，发现解决问题的线索，寻找发明思路，进行设计构思，从而搞出新的发明项目，于是被称为5W2H法。

（1）WHAT——是什么？目的是什么？做什么工作？

（2）WHY——为什么要做？可不可以不做？有没有替代方案？

（3）WHO——谁？由谁来做？

（4）WHEN——何时？什么时间做？什么时机最适宜？

（5）WHERE——何处？在哪里做？

（6）HOW ——怎么做？如何提高效率？如何实施？方法

是什么？

（7）HOW MUCH——多少？做到什么程度？数量如何？质量水平如何？费用产出如何？

接下来，我们将以5W2H分析法在检查原产品的合理性中的运用为例。

1.做什么（What）

条件是什么？哪一部分工作要做？目的是什么？重点是什么？与什么有关系？功能是什么？规范是什么？工作对象是什么？

2.为什么（Why）？

为什么采用这个技术参数？为什么不能有响声？为什么停用？为什么变成红色？为什么要做成这个形状？为什么以机器代替人力？为什么产品的制造要经过这么多环节？为什么非做不可？

3.谁（Who）

谁来办最方便？谁会生产？谁可以办？谁是顾客？谁被忽略了？谁是决策人？谁会受益？

4.何时（When）

何时完成？何时安装？何时销售？何时是最佳营业时间？何时工作人员容易疲劳？何时产量最高？何时完成最为适宜？需要几天才算合理？

5.何地（Where）

何地最适宜某物生长？何处生产最经济？从何处买？还

有什么地方可以作为销售点？安装在什么地方最合适？何地有资源？

6.怎样（How）

怎样做省力？怎样做最快？怎样做效率最高？怎样改进？怎样得到？怎样避免失败？怎样求发展？怎样增加销路？怎样达到效率？怎样才能使产品更加美观大方？怎样使产品用起来方便？

7.多少（How much）

功能指标达到多少？销售多少？成本多少？输出功率多少？效率多高？尺寸多少？重量多少？

如果现行的做法或产品经过七个问题的审核已无懈可击，便可认为这一做法或产品可取。如果七个问题中有一个答复不能令人满意，则表示这方面有改进余地。如果哪方面的答复有独创的优点，则可以扩大产品这方面的效用。新产品已经克服原产品的缺点，扩大原产品独特优点的效用。

5W2H分析法的优势：

（1）可以准确界定、清晰表述问题，提高工作效率。

（2）有效掌控事件的本质，完全地抓住了事件的主骨架，把事件打回原形思考。

（3）简单、方便，易于理解、使用，富有启发意义。

（4）有助于思路的条理化，杜绝盲目性。有助于全面思考问题，从而避免在流程设计中遗漏项目。

决策树分析法：现代管理决策者常用的有效工具

决策树分析法是指分析每个决策或事件（即自然状态）时，都引出两个或多个事件和不同的结果，并把这种决策或事件的分支画成图形，这种图形很像一棵树的枝干，故称决策树分析法。

决策树一般都是自上而下生成的。选择分割的方法有好几种，但是目的都是一致的：对目标类尝试进行最佳的分割。

从根到叶子节点都有一条路径，这条路径就是一条“规则”。

决策树可以是二叉的，也可以是多叉的。

对每个节点的衡量：通过该节点的记录数；如果是叶子节点的话，分类的路径；对叶子节点正确分类的比例。

决策树相较于常规统计方法的优点：可以生成可以理解的规则，计算量相对来说不是很大，可以处理连续和种类字段，可以清晰地显示哪些字段比较重要。

决策树相较于常规统计方法的缺点：对连续性的字段比较难预测，对有时间顺序的数据需要很多预处理的工作，当类别太多时，错误可能就会增加得比较快，一般的算法分类的时候，只是根据一个字段来分类。

决策树不仅可以帮助人们理解问题，还可以帮助人们解决问题，它是一种通过图示罗列解题的有关步骤以及各步骤发生的条件与结果的方法。

决策树由决策节点、机会节点与结果节点间的分枝连线组成。通常，人们用方框表示决策节点，用圆圈表示机会节点，从决策节点引出的分支连线表示决策者可作出的选择，从机会节点引出的分支连线表示机会节点所示事件发生的概率。

在利用决策树解题时，应从决策树末端起，从后向前，步步推进到决策树的始端。在向前推进的过程中，应在每一阶段计算事件发生的期望值。需特别注意：如果决策树所处理问题的计划期较长，计算时应考虑资金的时间价值。

计算完毕后，开始对决策树进行剪枝，在每个决策节点删去除了最高期望值以外的其他所有分枝，最后步步推进到第一个决策节点，这时就找到了问题的最佳方案。

综摄法：开发潜在创造力的一种创新方法

综摄法是由美国麻省理工学院教授威廉·戈登（W.J.Gordon）于1944年提出的一种利用外部事物启发思考、开发创造潜力的方法。

综摄法是指以外部事物或已有的发明成果为媒介，并将它们分成若干要素，对其中的元素进行讨论研究，综合利用激发出来的灵感，来发明新事物或解决问题的方法。

具体来说有以下四部分内容：

（1）培训对象：不同专业职能的研究人员以及各行业内行。

（2）培训目标：通过综摄法发明新产品，解决新问题。

（3）培训内容：运用四种模拟法，按两条原则寻找解决问题的方案。

（4）培训方式：会议讨论方式。

综摄法的具体操作步骤如下：

1.准备阶段

（1）确定会议室和会议时间。

（2）确定参加人员约十名，参加者可以为不同专业的研究人员，但必须是内行。

（3）指导员应具备使用本方法的一切常识及细节问题，如两大思考原则、四种模拟技巧、实施要点等。

2.实施阶段

（1）主持人向与会者介绍本方法的大意、实施概要、四种模拟技巧、两大思考原则等。

（2）主持人先不公开议题，而介绍与研究课题有关的更广泛的资料，引导与会者进行讨论，启发他们的灵感。

（3）当讨论涉及解决问题时，主持人再明确提出来，并要求与会者按两大思考原则和四种模拟法积极构思解决问题的方案。

（4）整理综合各种方案，寻找出最佳方案。

综摄法的两大思考原则为异质同化和同质异化。

异质同化简单来说是指把看不习惯的事物当成早已习惯的熟悉事物。在发明没有成功前或问题没有解决前，它们对我们来说都是陌生的。异质同化就是要求我们在碰到一个完全陌生的事物或问题时，要用所具有的全部经验、知识来分析、比较，并根据这些结果，作出很容易处理或很老练的态势，然后去思考用什么方法，才能达到这一目的。

同质异化就是指对某些早已熟悉的事物，根据人们的需要，从新的角度或运用新知识进行观察和研究，以摆脱陈旧固定的看法的桎梏，产生出新的创造构想，即把熟悉的事物转化成陌生的事物看待。

戈登法：适用自由联想的技术创新技法

戈登法，亦有译“哥顿法”，又称教学式头脑风暴法或隐含法。它是由美国人威廉·戈登创始的，是一种由会议主持人指导进行集体讲座的技术创新技法。其特点是不让与会者直接讨论问题本身，而只让讨论问题的某一局部或某一侧面；或者讨论与问题相似的某一问题；或者用“抽象的阶梯”把问题抽象化向与会者提出。主持人对提出的构想加以分析研究，一步步地将与会者引导到问题本身上来。

戈登法有两个基本观点：一是“变陌生为熟悉”，即运用了解和熟悉的方法处理陌生的问题；二是“变熟悉为陌生”，即运用陌生的方法处理熟悉的问题。这一方法能突破思维定式，让大家跳出传统的思维框框去思考问题，能充分发挥群体智慧，达到方案创新的根本目的。

但是，这一方法对主持人有较高的要求，且其难点在于主持人如何引导。智力激发的效果与会议主持人的方法、艺术有很直接的关系，这需要主持人在实践中不断锻炼和提高。

戈登法的实施主要取决于参加者，而领导者与其他技法相比，应起到更为举足轻重的作用。

领导者：领导者需要主持讨论，他需要将参加者提出的问题与真实情况结合起来，这就考验了领导者丰富的想象力和敏锐的洞察力。

参加者：参加者数量的最佳标准是5~12人，最好由不同专业的人参加，尤其是最好由科学家和艺术家参加，不过，前提是参加者最好对戈登法有深刻的理解，否则容易发生不愉快。

时间：会议时间一般为 3小时。一方面，需要综合各方面的设想，因此，时间不宜过短；另一方面，当会议进行到某种程度的疲劳状态时，有望获得无意识中产生的设想。

其他条件：最好是在安静的房间中进行。与会议室等相比，舒适的接待室更为理想。另外，一定要将黑板或记录用纸挂在墙上，以便参加者将设想和图表写在上面，从而营造愉快、轻松的气氛。

戈登法的步骤如下：

1.领导者决定主题

认真分析实质问题，概括出该事物的功能作为主题。必须在肯定“揭示实质问题，而能更广泛地提出设想”的情况下进行。

2.召开会议

主题决定以后，领导者召开会议，让参加者自由发表意见。当与实质性问题有关的设想出现时，马上要将其抓住，使问题向纵深发展，并给予适当的启发。同时指出方向，使会议继续下去，在最佳设想好像已经出现，时间又将接近终点时，要使实质问题逐渐明朗化，然后使会议结束。

需要注意的是，戈登法与前面所述的头脑风暴法有一些不同之处。

为了克服头脑风暴法的缺点，戈登法规定除了会议主持人外，不让参加者知道真正的意图和目的。在会议上把具体问题抽象为广义的问题来提出，以引起参加者广泛的设想，从而给主持人暗示出解决问题的方案。

奥斯本检核表法：最著名、最典型的检核提问型创新法

所谓的检核表法，是根据需要研究的对象之特点列出有关问题，形成检核表，然后一个一个地来核对讨论，从而发掘出解决问题的大量设想。它引导人们根据检核项目的一条条思路来求解问题，以求比较周密的思考。

奥斯本检核表法是针对某种特定要求制定的检核表，主要用于新产品的研制开发。奥斯本检核表法是指以该技法的发明者奥斯本命名，引导主体在创造过程中对照有无其他用途、能否借用、能否改变、能否扩大、能否缩小、能否代用、能否重新调整、能否颠倒、能否组合9个方面的问题进行思考，以便启迪思路、开拓思维想象的空间、促进人们产生新设想、新方案的方法。

奥斯本检核表法是一种产生创意的方法，在众多的创造技法中，这种方法是一种效果比较理想的技法。由于它突出的效果，被誉为创造之母。人们运用这种方法，产生了很多杰出的创意，以及大量的发明创造。

奥斯本检核表法的核心是改进，或者说关键词是改进！通过变化来改进。

奥斯本检核表法的实施步骤如下：

（1）根据创新对象明确需要解决的问题。

（2）根据需要解决的问题，参照表中列出的问题，运用丰富的想象力，强制性地一个个核对讨论，写出新设想。

（3）对新设想进行筛选，将最有价值和创新性的设想筛选出来。

实施过程中应注意：要联系实际一条一条地进行核检，不要有遗漏；要多核检几遍，效果会更好，或许会更准确地选择出所需创新、发明的方面；在检核每项内容时，要尽可能地发挥自己的想象力和联想力，产生更多的创造性设想。进行检索思考时，可以将每大类问题作为一种单独的创新方法来运用；核检方式可根据需要，一人核检也可以，3~8人共同核检也可以。集体核检可以互相激励，产生头脑风暴，更有希望创新。

第04章

优先处理的决策思维：提高做事效率

为了提高做事效率，人们开始努力寻求如何作好优先处理的决策，因为真正的高效在于合理利用时间，并不是将所有的事都做完，所以，我们做事时一定不要被无关紧要的事所影响。正因为如此，本章总结了一些优先处理事务的方法和思维，将这些方法运用到日常工作和生活中，相信你一定能从中获益不少。

四象限法：将每天的事情按照轻重缓急进行划分

我们都知道，时间是最公平的资源，我们每个人，每天都只有24个小时，不多一分，也不会少一秒。但是时间是稍纵即逝的，如果你利用得不合理，时间就在不知不觉间被浪费了。然而，我们每天都有太多烦琐的事，有的重要，有的不重要，有的紧急，有的次之。面对大大小小的事，我们只有做好时间管理，将时间进行合理分配，将每天的事情按照轻重缓急进行划分，才能提高做事效率，让时间增值。

为此，效率专家推荐了四象限法。这是由美国管理学家科维提出的。

在传统的时间管理观念里，我们划分时间的标准是按照事情的紧急程度，最紧急的事情放到第一位。然而，接下来，就会出现一种奇怪的现象，一些人每天把大部分时间都放到了那些紧急的事情上，最终的结果是他们到处“灭火”。他们原以为这样做很有成就感、很有价值，但实际上，这种做事方法好不好呢？难道越忙，就表示成效最大？

毋庸置疑，答案是否定的。因为即便在那些紧急的事情中，也有重要不重要和可做可不做之分。一直在忙些不重要的，或可以不做的紧急事件，是没有多少价值可言的，如果将宝贵的时间都浪费在这些事件上，那么，即使你24小时不休息，也会毫无成效。

四象限法把工作进行了更为细化的划分，分为四个象限：紧急又重要、重要但不紧急、不紧急也不重要、紧急但不重要。

在处理时先是既紧急又重要的，接着是重要但不紧急的，再到紧急但不重要的，最后才是既不紧急也不重要的。

下面对这一方法进行更为细致的分析。

1.第一象限是紧急又重要的事

这类事情有客户投诉、即将到期的任务、财务危机、治病求医等。这类事情，一般来说，也是不易处理的，它考验的是我们的经验、判断能力和应变能力，如果拖延的话，那么，事情就有可能变得更难处理甚至无法处理。

2.第二象限是重要但不紧急的事

这类事情有工作规划、问题的预防和发觉、参加学习等。如果将这个象限荒废，就有可能导致事情逐渐移至第一象限，使我们的工作压力加大，甚至造成无法挽回的损失。因此，只有做好事先的规划、准备与预防措施，才能避免很多急事的产生。

3.第三象限是不紧急也不重要的事

从某种程度上来讲，一个人要是总为这些事忙碌，那就是在浪费生命，如上网、闲谈、邮件、写博客等。实际上，这些活动并不是愉悦身心的休闲活动，反而会让人们感到空虚。

4.第四象限是紧急但不重要的事

这里需要注意的是一定要和第一象限区分开。你可能会产生错觉，认为这一象限的事也很“重要”，但你要记住，这只是别人的重要，而不是你的。电话铃声、不速之客、部门会议都属于这一象限。很多时候，人们为这些事忙得焦头烂额，却只是一直在为别人“效劳”。

经过对四个象限的了解，现在你不妨回顾一下上周的生活与工作，你在哪个象限花的时间最多？请注意，在划分第一和第四象限时要特别小心，急迫的事很容易被误认为重要的事。其实，二者的区别就在于这件事是否有助于完成某种重要的目标，如果答案是否定的，便应归入第四象限。

生活中的人们，你是否经常感到自己天天忙，并且忙得毫无头绪？那么，请认真领会时间管理的四象限法，它会让你的工作变得高效，工作不再是负担。

二八定律：将精力和时间放到关键处

在工作中，我们发现，一些人总是做一些毫无成效的事情。你如果也是如此，那么，你必须调整自己的工作状态，因为只有集中精力完成那些值得去做的事情，你才能高效地完成工作。无论何时，如果你为一些错误的事情而忙，那么，无论你做了多少工作都是毫无价值的。如果说有某种必须遵循的法则能帮助你把生活调整到一个良好的平衡状态，那么，它就是由意大利经济学家帕累托发现的二八定律。

帕累托提出：在任何特定群体中，重要的因子通常只占少数，而不重要的因子则占多数，因此，只要能控制具有重要性的少数因子即能控制全局。当然，习惯上，二八定律讨论的是顶端的20%，而非底部的80%。

其实，二八定律在我们的工作和生活中随处可见。例如，销售行业里，80%的销售额是由20%的重要客户来实现的，而这20%的重要客户可以说是销售员长期合作的忠实客户，也叫“堡垒户”，如果丧失了这20%的忠实客户，那么销售员将丧失80%的收入。再如，在人脉圈，当你真正发生财务危机时，

80%的所谓朋友不但不会主动借钱给你，甚至还会不接电话，躲得远远的；20%的朋友，愿意给你正面的影响和帮助。

许多世界著名的大公司也非常注重二八定律。

通用电气公司永远把奖励放在第一位，它的薪金和奖励制度使员工们工作得更快、也更出色，但只奖励那些完成了高难度工作指标的员工。诺基亚公司也信奉二八定律，并为最优秀的20%的员工设计出了一条梯形的奖励曲线。

在我们的工作中，占据重要位置和起到重要作用的事情也是少数。因此，你要在有限的时间里尽最大努力去工作，在最重要的事情上竭尽全力，而不要在不重要的事情上浪费时间和精力。“学会在几件真正重要的事情上力争上游，而不是在每件事情上都争取有上乘表现的人，可以使他们自己的生活发生根本的变化。”什么工作都想做，往往可能导致什么也做不好。实际上，每个人都至少可以消除一些低成果活动，因为没有人用最高的效率做事。虽然从主观上看，消除低成果的活动是困难的，但如果你下定了决心，它就是有可能的。

根据二八定律，我们可以看出，人如果利用最高效的时间，那么，只要20%的时间投入就能产生80%的效率。相反，如果使用最低效的时间，那么，80%的时间投入只能产生20%的效率。一天头脑最清楚的时候，我们应该把时间和精力放在最需要专心的工作上。所以，我们要把握一天中20%的最高效时间专门用于解决最困难的工作。

美国著名的企业家威廉·穆尔可谓是将二八定律运用得炉火纯青的人。

他曾经效力于格利登公司，负责推销工作。第一个月，他的业绩只有160美元，随后的一段时间，他仔细研究了犹太人的生意经，他发现，犹太人善于运用“二八定律”。后来，他将这一定律也运用到自己的推销工作中，并分析了自己的销售图表，发现他80%的收益来自20%的客户，但是他过去却对所有的客户花费了同样多的时间——这就是他过去失败的主要原因。

于是，他把精力集中到最有希望的客户上。不久，他一个月就赚到了1000美元。穆尔从未放弃这一定律，这使他最终成为凯利—穆尔油漆公司的董事长。

二八定律告诉我们，不要将自己的时间和精力浪费在那些琐碎的事情上，也就是要抓住主要矛盾。毕竟，无论是谁，他的时间和精力都是有限的，要做到面面俱到或者照顾到每一件事几乎是不可能的，这就更需要我们懂得合理分配时间和精力了。

在生活中，不管是工作、学习、处理人际关系等，我们需要分辨重要而且是必要的任务。

例如，职业经理人的工作大部分时间是用在规划、组织、用人、指导和控制上。

又如，销售经理的工作可能就是把产品的知识传授给属下、统计整个单位的业绩、走访一些重要的顾客、把下级的一些意见反映给上级等。

再如，销售人员的优先顺序就是打电话约见客户，然后准备销售的工具以及材料，到客户那儿去，向客户介绍产品，最后签订订单。

对准焦点：一次就找到需要解决的关键问题

生活中，人们常常提到“效率”一词。那么，什么是效率呢？管理学上的效率定义为是单位时间内完成的工作量。然而，衡量我们做事成绩的，并不是效率，而是效能。效率、效果、效益是衡量效能的依据，也就是说，效能比效率要重要得多。不难想象，我们所说的优先选择的目的也是高效能。然而，我们经常看到的是，为了提高做事效率，人们会建立一套完备的时间管理体系，制定大量的工作目标、操作准则和行为标准。而事实上，我们的行为正是被这些所谓的规划约束了，从而使我们的工作效能降低。

原通用电气董事长兼CEO杰克•韦尔奇先生曾经就管理问题提出一点：“管理效率出自简单。”海尔集团创始人张瑞敏说过：“我感觉在企业里最难的工作就是把复杂问题简化，如流程再造就是简化流程。但为什么做起来很难？关键是领导！领导只要看不到问题的本质，就简化不了流程。就事论事，会越办越复杂。”张瑞敏和杰克•韦尔奇先生的这两句话不仅适用于管理工作，更适用于人类的思考活动，也包括时间管理工作。我们做时间管理的最终目的是提高我们的做事成绩，如提高工作业绩，或者让我们原本忙碌的生活变得轻松、舒适。所以，凡是复杂的、难以驾驭的管理方法都应该被我们摒弃。

因此，我们每个人都要有化繁为简的决策思维，都要摆脱传统思维的限制，这样才能一针见血地找到问题的关键。

有这样一个有奖征答活动，题目是：

一次，三个人一起坐热气球旅行，这三个人都是关系人类命运的科学家。第一位是核专家，他有能力防止全球性的核战争，使地球免遭灭亡。第二位是环保专家，他可以让人类免于因环境污染而面临死亡的厄运。第三位是粮食专家，他能在不毛之地种植粮食，使人类脱离饥荒而亡的命运。但旅行到一半时，却发现热气球充气不足。就在那一刻，热气球即将坠毁，必须丢下一个人以减轻载重，使其余两个人得以存活，请问该丢下哪一位科学家？

因为奖金数额庞大，征答的回信如雪片飞来。每个人都竭尽所能地阐述他们认为必须丢下哪位科学家的见解。最后，结果揭晓，巨额奖金的得主是一个小男孩。他的答案是：将最重的那位科学家丢出去。

我们在赞叹小男孩的答案时，也不难得出这样一个结论：任何复杂的现象，其复杂的也只是表面，其实都有它一般性的规律，都可以找到简单的分析、处理方式。这就是化繁为简的过程，这个过程需要简单就是找寻规律、把握关键。同样，时间管理工作也需要化繁为简，当然，简单管理不是粗糙管理，而是找到规律，形成自然秩序。

复杂只是事物的表面，只要我们愿意探寻，就能找到它背后一般的、更为简便的规律。你是不是曾经有过这样的做题经验：遇到一道数学题，你告诉自己一定要演算出来，当你算出结果的一刹那，你发现，原来答案和题目之间只要进行一个简单的思维转换就可以，而你却在这道题上花费了很长时间。

因此，从生活中，你就要训练自己凡事从简出发的习惯，无论做什么事，都问问你自己“还能简单点儿吗？”找到最简单的方法，你做事的效能也就快多了。

然而，要把复杂的事情简化绝非易事，需要我们进行一次彻底的心理革命。尤其是我们要调整自己看待问题的眼光，也就是一针见血地捕捉问题实质的能力，从而快速地寻找到选择本质和规律，掌握化繁为简、以简驭繁的思想和技巧，深刻认识管理的核心要义。

我们每个人在做事和学习时都应该养成孜孜不倦、一丝不苟的习惯，注重细节很重要。因此，这里说的思维上化繁为简并不是要你凡事投机取巧，而是要你摒除烦琐思维的限制。

可见，“简化管理”并不是“不”管理或“懒”管理，而是一种追求系统化、规范化、细节化、流程化的管理思维和实践，在复杂精细和简单实用之间找到一个有机的结合点，跳出“为管理而管理”的怪圈，实现由“高效率”到“高效能”的转变。

总之，聪明的人会在最短的时间内，在花费最少的精力的前提下解决问题。你如果也能训练出这样的决策思维，你就能直达问题的命脉，巧妙地解决问题。

“ABC”时间管理法：提高时间利用率

众所周知，我们对各项事务进行优先决策的最终目标是合理安排时间并提高做事效率，而并不是将所有事都做完。所以，我们不可眉毛胡子一把抓，而应该对每天要做的事进行划分和排序，有侧重地做事，这样才能让我们的工作和生活井然有序。

不少人在做事的过程中也在寻找一种能帮助自己对所要进行的事项进行排序的方法。为此，美国管理学家莱金提出了“ABC”时间管理法，他建议为了提高时间利用率，每个人都需要确定今后5年、今后半年及现阶段要达到的目标。人们应该将其各阶段目标分为A、B、C三个等级，A级为最重要且必须完成的目标，B级为较重要很想完成的目标，C级为不太重要可以暂时搁置的目标。

如果一天内的任务可以看成100%的话，那么，最重要的任务A占15%，但这类任务所产生的效能却能达到65%；而C级任务占到65%，却只能产生15%的效能；剩下的20%的任务和效能都可以划归到B级任务中。这样，相信很多人也就能明白为什么一个公司经理以上的领导者只占少数，但这些领导人却决定了多数的关键事情，而那些基层员工虽然占大多数，但所做工作的贡献值却比较小。可见，对于我们一天的任务，A任务是必须做的，应该投入更多的时间和精力，B任务是应该做的，而C类任务是否值得做需再斟酌。

ABC时间管理的步骤如下。

1.列目标

顾名思义，也就是说，每天工作前，先不着急做事，而是将要做的事先列出一个清单。

2.分类

你要做的某件事属于什么类别，按照事情类别进行划分，能帮你批量处理。

3.排序

排序的标准一般是事情的重要性和紧急程度。

列出事务清单后，在那些你认为最重要的任务后面标上A，次要的任务后面标上B，而最不重要的任务后面标上C。

当然，你可能会产生疑问，我的判断就一定正确吗？此时，你可以再对自己的标注结果进行对比，这能帮你消除疑虑。

接下来，我们很容易看到，我们每天虽然有24小时，但我们不可毫无目的地浪费时间，对于所有待办任务，我们最应该将时间花在A级任务上，接下来才是B级和C级任务。另外，我们可以对已经划分好的A、B、C三个级别的任务进行细分。例如，你可以把A级任务分解为A-1，A-2，A-3，A-4……这是因为我们每天的时间有限，而且这些任务的紧迫性也未必相同。

4.分配时间

应先排出A级任务的日程表及时间分配情况，接着是B级和C级的任务。

5.实施

还是应该按照顺序来，你应先将所有的时间和精力放到A级任务上，完成后再转向B级工作。对于C级任务，你如果是一名管理者，不必事必躬亲，要学会指派任务给下属，以节约时间。

6.记录

记录下每一事件消耗的时间。

7.总结

工作结束时，评价时间利用情况，以不断提高自己有效利用时间的技能。

不过，这里要提醒的是，我们对所有的待办任务进行紧急和重要性排序，也是按照我们的主观意愿来进行的。所以说不是绝对的，是相对的。在主观成分的作用下，刚开始的时候，你可能认为某件事对你来说很重要，但随后，你发现它其实没那么重要，那么，你很可能就会将其改变为B级任务。不管怎样，你需要记住的是，你始终是事情的决定者，如果对自己的划分不满意，那你可以进行改变，然后始终保证自己在做最重要的事。

可见，对事物的优先次序安排，是需要不断调整的，以便最有效地利用时间。

别在无关紧要的小事上浪费时间和精力

生活中，我们常常听到身边的人说：“做人，别指望所有人都会喜欢你。”其实，这句话也可以运用到我们的思维决策中，也就是说，我们要提高做事的效率，就不要试图将每件事都考虑在内，因为人的精力是有限的，时间更是珍贵的，你选择了做某件事情，就意味着你放弃做别的事情。“做别的事情”就是你的“机会成本”。所以，我们做事情的标准不是“某件事有没有意义”，而是“某件事是不是最有意义”。

小王是某家公司新聘请的文员，她一直是个追求完美的人。无论上司交给她什么任务，她都努力做好。

有一天，她的女上司说：“这份资料是急着用的，你把它分成两份，各打200份。”

于是，她开始了自己的工作。在打印的过程中，她发现资料中有很多错别字，于是，她耐心地把这些错别字改正了。她以为上司会夸奖她，事实上，她却因为没按时把资料交上而挨了上司的骂，而且最重要的是，那些在她看来是问题的错别字，却是公司的一些专业术语，改过后的正确的字自然也改变了公司的原本意思。为此，她闹了不少的笑话……

看完这个故事，你想到了什么呢？小王为什么会闹出这样的笑话？因为她太苛求细节了，重视细节固然是好事，是一个人负责任的表现，但太苛求细节有时却会好心办坏事。

的确，什么事情都会有个度，追求完美超过了这个度，就会降低我们的做事效能。毕竟，我们每个人每天只有24小时，在一件事上消耗过多的精力，在规定时间内也就无法完成工作计划。

许多人已经意识到了完美主义给自己带来的困扰，然而，他们却不敢面对这个问题。

真正善于决策的人，一定是懂得如何舍弃的人。被我们羡慕的那些成功者，其实都不是神通广大的人，他们也不可能做到“一心几用”。那么，我们该如何抉择呢？我们最需要掌握的一个原则是——确保自己在做最重要的事。

确保自己一直在做最重要的事情，实际上，也就是确保了自己的时间一直在被高效地利用。对此，有以下几条建议。

1.从本质上消除“兼顾”的想法，不要什么都想做

在中国大多数公司，人们越来越忙碌。尤其是那些高层忙碌的情况，简直不可思议！除了众多的出差外，就是数不清的会议，工作负担越来越重，但结果却大多毫无贡献。当然，

真正有生产力的也有，只是寥寥无几而已。其实，仔细分析原因，我们发现，他们同时专注的事情太多了，什么都想做，什么都想管，结果什么都做不好。因此，你若想提高工作效率，就应该从本质上消除“兼顾”的想法，一次仅做一件任务。

2.培养谨慎做事的习惯，但不必拘泥于小事

不难发现，如果一个人连自己的房间都一团糟，鞋子东一只西一只，那么，他很可能是个做事丢三落四、三分钟热度，观察没有顺序、思考缺乏条理的人。因此，你需要从生活中的小事做起，不断培养自己良好的习惯，这能减少自己的马虎粗心。例如，自己整理自己的衣橱、抽屉和房间，培养自己仔细、有条理的习惯；自己安排自己的业余时间和工作进度表，培养有计划、有顺序的习惯。久而久之，你就会变得思维严谨起来，做事有规划、有条理，自然也就不会把过多的时间耗费在细节上了。

3.学会舍弃一些不必做的事

将时间记录拿出来，逐项逐项地问自己：“这件事如果不做，会有什么后果?”如果认为“不会有任何影响”，那么，这件事便该立刻取消。

然而，许多大忙人天天在做一些他们觉得难以割舍的事，如应邀讲演、参加宴会、担任委员和列席指导等，这些占去了他们很多时间。其实，应对这类事情，只要审度一下对于组织有无贡献，对于自身有无贡献，或是对于对方的组织有无贡

献。如果都没有，完全可以婉拒。

总之，你需要明白的是，把时间花费在那些无关紧要的小事上面是无意义的，不必在那些价值不高的活动上投入太多精力。而那些比较重要的活动往往需要你付出更多的努力。只有仔细地规划，才能让你用最少的时间获得最大的收益。

第05章

企业管理中决策思维：培养更具活力和竞争力的团队

诺贝尔奖得主赫伯特·西蒙曾对管理下过这样的定义：管理就是决策。企业管理者在管理过程中，其管理决策艺术的高低，是企业的人、财、物等生产力要素组织得科学不科学、利用得好不好的决定性因素，是决定企业效率和效益的关键。当然，管理者在为企业制定并执行决策的时候，也一定会遇到各种困难，这些都需要管理者充分发挥果断、睿智、干练的优秀品质！

儒佛尔定律：精明的预测能够作出有效决策

当今社会，科学技术迅速发展，各行各业的竞争已经逐步演变为信息资源、自然资源、财物资源、人力资源这四大资源之间的竞争，而信息资源作为第四战略资源被各企业的领导者们所重视。然而，在瞬息万变的市场大潮中，面对诸多的信息，你怎样利用？只有预测！一个成功的企业管理者能从繁复的信息中预测出未来市场的走向，并马上将其转化为决策的行动。没有预测活动，就没有决策的自由。

这就是由法国未来学家H.儒佛尔提出的著名的儒佛尔定律：有效预测是英明决策的前提。精明的预测能为企业的发展决策提供自由的空间，使信息产生价值，转变成升值的机会。以企业发展为例，一个企业要发展，要提高经济效益，就必须了解国内外经济态势，熟悉市场要求和摸清与生产流通有关的各个环节，同时要广泛、及时、准确地掌握有利于企业发展的各种信息，这样才能综观全局，预见未来，从而运筹帷幄，使企业立于不败之地。

林炯灿能建立食米王国，与他超凡的预测能力密不可分。

林炯灿很早就经营着自己的米店，但当时，该行业的竞争实在太激烈了，因此，效益总是不好。而要想找到出路，就必须改变。为此，林炯灿日思夜想，开始寻找市场机遇。

后来，他从渐渐开始流行的小家庭的社会现实中看到了商机：以前，各个家庭都流行大家庭模式，全家上下七八口甚至十几口人，他们在买米的时候，一般都会选择大批量购买的方式。而今时代不同了，自从小家庭模式流行之后，市民已无意一次购买太多米，但市场上的各种食米包装还是以前的大包装，显然，食米包装追不上社会转变。于是，他预测到：小包装的大米将会受到顾客的欢迎。林炯灿想到就做，他先行改良了食米的包装，推出了“小包米”，用胶袋包装，摆放在超级市场售卖，结果大受欢迎。不久，其他米商就开始纷纷仿效。正是通过这一招，林炯灿的米店在食米行业中取得了不可取代的地位。

的确，预测是各级领导和经济管理工作者制定政策、作出决策、编制计划及进行科学管理的重要依据，经济预测的定义已经显示了它在经济建设中的重要意义。一般来说，经济预测包括四个阶段，需要领导者在管理工作中加以巧妙运用：①收集、分析在预测工作中需要的各种资料；②开始进行各种预测，并得出轮廓性的结论；③召开会议，关于预测问题收集意见，做到集思广益；④修正、补充预测结论，发布正式的预测报告。

上述过程构成了预测程序，周而复始地循环下去，这样的循环一般每年两次，大约每半年提供一次预测报告。

羊群效应：企业管理者要有独特的决断力

现代社会，竞争之激烈已经在各行各业体现出来，而一个管理者是否有独特的决断力，将在很大程度上决定企业能否在竞争中取胜。商战中，竞争双方力量对比往往非常微妙，一方看似强大无比，另一方好像不堪一击，但转眼间，局势就会彻底发生改变。弱者可以变为强者，强者也能变为弱者，而决定这一变化的正是双方的领袖人物。正如让一只羊领导一群狮子，那么，这群狮子迟早会变为羊；但如果让一只狮子领导一群羊，那这群羊也迟早会变成狮子。管理者的决断力之所以对企业有如此重要的影响，主要是因为管理者是企业的“领头羊”。对此，有个著名的“羊群效应”。

曾有人做过这样的实验：在一群羊前面横放一根木棍，第一只羊跳了过去，第二只、第三只羊也会跟着跳过去；这时，把那根棍子撤走，后面的羊走到这里，仍然会像前面的羊一样，向上跳一下，尽管拦路的棍子已经不在了，这就是所谓的“羊群效应”也称“从众心理”。

我们再来看下面一个故事：

一位石油大亨到天堂去参加会议，一进会议室发现已经座无虚席，没有地方落座。于是，他灵机一动，喊了一声："地狱里发现石油了！"这一喊，天堂里的石油大亨们纷纷向地狱跑去，很快，天堂里就只剩下这位石油大亨了。这时，这位大亨心想，大家都跑了过去，莫非地狱里真的发现石油了？于是，他也急匆匆地向地狱跑去。

"羊群效应"所表现的就是人的一种从众心理，而这一心理，很容易导致盲从，甚至会使人陷入骗局，遭到失败。

这一效应一般出现在一个热门行业中，并且，这个行业中有个"领头羊"，他的一举一动都能挑动人们的神经，他去哪里，人们就跟着他去哪里。

从"羊群效应"中，我们也可以认识到管理者在企业管理中常有的一些错误心理。由于对方对信息缺乏充分了解，他们对市场的未来定向也很难做出正确评估，所以只能人云亦云，只能通过周围人的行为来作出浅层次的判断。在这种信息的不断传递中，许多人的信息将大致相同且彼此强化，从而产生从众行为。而相反，一个管理者如果有独特的决断力的话，他就会对市场做出准确的估计和定位而不受这种跟风决策的影响。

商场如战场，作为一个管理者，应努力完善自己，培养自己的决断能力，方可立于不败之地。

现代企业的很多管理者在作决策时，可能有这样一种心态，那就是只要不亏本、在市场上站稳脚即可，于是，他们最多只能获得不超过市场平均水平的收益率。因此，对于管理者而言，要获得超过平均水平的收益率，必须在“人云亦云”的格局中保持一种独立和创新的精神。要维持独立和创新，就需要管理者充分了解自己的实力与市场行情，不要轻信道听途说，在市场极端不稳定、信息极端不确定时，要保持清醒的头脑，并充分考虑到各种潜在的风险。

羊群行为对于企业的稳定极为不利。因此，管理者要减少这种非理性的行为产生，具体可以从以下几个方面着手：

（1）凡事三思而后行，尽量进行理性思考。

（2）规范信息披露制度，提高信息的透明度，以减少信息的不确定性和错误性。

（3）降低各种信息成本、交易成本以及组织方面的限制。

总之，作为企业的管理者，就是企业的“领头羊”，你的一举一动都可能对企业、员工造成或多或少的影响，因此，在作各种决断时，不但要收集各种信息，保证决断的正确性，更要做到当断则断！

沃尔森法则：信息和情报是企业决策的有效参考

在信息技术占主导地位的现代市场经济下，一个企业要在变幻莫测的市场竞争中立于不败之地，就必须准确快速地获悉各种情报：市场有什么新动向？竞争对手有什么新举措……在获得了这些情报后，果敢迅速地采取行动，这样不成功都难。这一点，正符合美国企业家S.M.沃尔森提出的沃尔森法则。其主旨为：把信息和情报放在第一位，金钱就会滚滚而来。

的确，决策是管理的心脏，决策是企业管理的核心，它关系到企业的兴衰荣辱、生死存亡。可以说，管理者科学理性的决策等于成功了一半。世界各大企业的成功，可以说都得益于对信息资料的掌握。

日本尼西奇公司原本的营业范围是雨伞制造和销售，机缘巧合之下，它的董事长多川博看到了一份最近的人口普查报告。从人口普查资料获悉，日本每年有250万婴儿出生，他很快意识到，尿布这个并不起眼的小商品暗含了巨大的商机，按每个婴儿每年最低消费2条计算，一年就是500万条，再加上广阔的国际市场，潜力是巨大的。

于是，他立即决定转产被大企业不屑一顾的尿布，结果畅销全国，走俏世界，成为享誉世界的“尿布大王”。

多川博从一份人口普查报告中看到了巨大的商机，从而取得了巨大的成功，这得益于他对市场的敏锐洞察力和及时出击的判断力。获取情报很重要，但快速对情报作出反应更重要，这就要求商家要善于根据新情况、新问题，及时调整原来的思路和方案，采取相应的对策，做到市场变我也变。

在与竞争对手的征战中，情报尤其重要。孙子云：知己知彼，百战不殆。作为一名企业的管理者，应该明白：管理决策活动绝不是一件偶然地、孤立地为了解决某个问题而进行的活动。管理决策也不只限于从几个可供选择的方案中选定一个最优方案的简单行动，更不能误认为只有选定最优方案才是管理决策。管理决策是一个复杂的全过程，并且贯穿于管理决策活动的各个阶段、每个环节，哪怕只是细微环节。

那么，管理者应该按照什么样的顺序进行管理决策呢?

1.拟定决策过程的目标

管理者的决策工作，不能是无目的的、无意义的。同样，管理决策的科学化需要管理者解决管理决策所要实现的目标，这也是管理决策理论首先要研究和解决的问题。

因此，管理者需要拟定决策过程的目标。这一目标的提出是根据企业需要解决的问题，如确定企业的经营方针、经营目标、长远规划等。

2.搜集充足的情报

不难理解，所搜集的情报越充分、越准确，则对真实情况的掌握度也就越接近实际，概率估计也就越准确，所作出的管理决策也就越合理。所以，在管理决策过程中，情报和信息资料的收集是十分重要的。当然，情报和信息资料的收集，一方面要有的放矢、有针对性地搜集；另一方面要充分发挥经验和平时积累的知识的作用。实际上，人的大脑关于信息的储存就像一个“信息中心”“档案室”，我们可以随时提取贮存在里面的信息。

3.制订备选方案

所谓备选，就是多个。所谓制订备选方案，就是本着企业需要解决的问题，对所收集的资料进行整理、分析、计算等，然后制订出几个解决问题的方案，最后提交管理层决定。

当然，这是一项复杂、要求严格的工作，有时候，还需要进行试验，以验证其可行性，才能提交。

4.找出最优选项

管理决策的成功与否，直接关系着企业的发展和职工的切身利益，甚至往往决定着企业的命运。因此，找出最优选项是管理决策的最后阶段，也是关键的一环。这里所说的选定最优方案，是在若干个备选方案中，选定一个最佳方案。

在通常情况下，管理决策步骤是按照以上四个阶段的顺序进行的，但有时也可能会出现整个管理决策过程的不同阶段发生互相穿插、包容或者逆转的情况。

隧道视野效应：企业管理者决策需要远见和洞察力

提高管理者的管理决策能力和管理决策水平，讲求管理决策的科学性，提高领导在科学管理决策过程中的原则性，是提高企业家管理决策艺术的重要课题。

一个优秀的管理者，在制定任何决策的时候，都必须有开阔的视野、深邃的洞察力。对于这点，管理者应当从隧道视野效应中有所启示。

隧道视野效应指的是：一个人若身处隧道，他看到的就只是前后非常狭窄的视野。只有拥有远见和洞察力，视野开阔，方能看得高远。常言道，识时务者为俊杰。判断一件事情，重要的不是看现在怎样，而是将来会怎样。要看到事物的未来，就必须有长远的眼光。看清了它的未来，并坚定不移地去做，事业就已经成功了一半。明智的人总会在放弃微小利益的同时，获得更大的利益。

国外的一个摄制组，想拍一部中国农民生活的纪录片。于是，他们来到中国某地农村，找到一位柿农，说要买他1000个柿子，请他把这些柿子从树上摘下来，并演示一下贮存的过程，谈好的价钱是1000个柿子给20美元。

柿农很高兴地同意了。于是，他找来一个帮手，一人爬到柿子树上，用绑有弯钩的长杆，看准长得好的柿子用劲一拧，柿子就掉了下来。下面的一个人就从草丛里把柿子找了出来，捡到一个竹筐里。柿子不断地掉下来，滚得到处都是。下面的人则手脚飞快地把它们不断地捡到竹筐里，还不忘高声地和树上的人拉着家常。旁边的外国人觉得这很有趣，自然全拍了下来。接着又拍了他们贮存柿子的过程。

外国人付了钱就准备离开，那位收了钱的柿农却一把拉住他们说：你们怎么不把买的柿子带走呢？外国人说不好带，也不需要带，他们买这些柿子的目的已经达到了，这些柿子还是请他自己留着。

天底下哪有这样便宜的事情呢？那位柿农心里想。看着外国人远去的背影，柿农摇摇头感叹道：没想到，世界上还有这样的傻瓜!

那位柿农不知道，他的1000个柿子虽然原地没动地就卖了20美元，但那几位外国人拍的他们采摘和贮存柿子的纪录片，拿到国外却可以卖更多的钱。他也不知道，在那几位外国人眼里，他的那些柿子并不值钱，值钱的是他们的那种独特有趣的采摘、贮存柿子的生产、生活方式。

在企业的投资构成中，我们的决策者是像故事中的柿农一样只看到眼前的比较直接的小利益，还是能把眼光放长远一些，发现更大，但可能比较隐蔽的大利益呢？一个明智的管理者总会在放弃微小利益的同时，获得更大的利益。

纵观古今中外富商巨贾的成长历程，无不是长远眼光、果敢决策的结果。在他们眼里，生意的成功就是决策的成功，而决策不能没有长远的眼光，在机会面前，有些决策还需要冒险。之所以有的人因冒险而一步登天，有人却因冒险而家破人亡，关键还是长远眼光的问题。

那么，现代企业的管理者们，从隧道视野效应中收获到了什么呢？

1.企业决策应立足当下，放眼未来

隧道视野效应告诉我们：一件事情，现在就是现在，现在会成为过去，因此，最重要的是将来。而要看到事物的将来，就必须眼光高远，在看准了它的发展趋势后，要坚定不移地去做，这样才能取得大成就。

2.要回报，就必须先投资

俗话说，“欲取之，必先予之”“放长线钓大鱼”，这就是一种长远的投资眼光。可能你会认为你所在的企业现在没有市场，那么，作为管理者的你，就不能自怨自艾，而应该想办法先把市场培育起来，然后进行市场营销工作。试想，市场需求出现了，还需要担心产品没有销路吗？事实上，在商界，

“欲取先予”的做法无处不在，这体现的是管理者高长远的眼光。企业要想赢利，就必须先投资，“先予”就是一种投资，往往会获得无法估量的收益。

3.积极尝试，摆脱环境的限制

管理者若希望自己能高屋建瓴地把握问题，就必须有开阔的思路和长远的眼光，而要做到这一点，就必须开阔眼界，增长见识，只有这样，才能做到见多识广、深谋远虑。

青蛙法则：分析市场环境，时刻保持危机意识

市场经济下，人们已经逐渐认识到市场行情的变幻莫测，于是，人们在科学管理决策时十分重视防范分析，因为如果这项工作做好了，就可以防患于未然。但有些领导者却容易抱着“不会出岔子”的侥幸心理而不愿意做这种分析，或者对自己的管理决策十分有把握，不屑于做这种艰苦细致的工作，结果一旦出现意外情况，往往措手不及；即使方案勉强成功，也会留下副作用。我国古代伟大的思想家孟子曾说：生于忧患，死于安乐。企业管理也是如此，管理者只有时刻保持危机意识，才能实现企业的长盛不衰。

在世界著名的大企业中，随着全球经济竞争的发展，它们面对的挑战越来越激烈，要是沉醉于自己的优势地位，就可能会遭到淘汰。为改变这种状况，很多企业非常重视推行“危机式”生产管理。而在我国，华为公司只是其中的一例。

当华为以销售额达220亿元、利润以29亿元位居全国电子百强首位的时候，华为总裁任正非却大谈危机：“华为的危机

以及萎缩、破产一定会到来。”他在内部讲话中颇有感触地说：“十年来我天天思考的都是失败，对成功视而不见，也不会有什么荣誉感、自豪感，而是危机。也许是这样才存活了十年。我们大家要一起来想，怎样才能活下去，怎样才能存活得久一些。失败这一天一定会到来，大家要准备迎接，这是我从未动摇的看法，这是历史规律。”

任正非为什么总在兴盛中提醒危机？因为他看到华为的冬天一定会到来，到时候“也会像它热得让人不可理解一样冷得出奇。没有预见，没有预防，就会冻死。谁有棉衣，谁就活下去。”“创业难，守业难，知难不难……唯有惶者才能生存！”华为的奋进与崛起，可归因于这种深重的危机意识与苦心经营！

事实上，任何一个企业管理者，都应当从青蛙法则中得到启示。

“青蛙法则”是说把一只青蛙放在一个盛满凉水的容器里，然后慢慢地给容器加热，控制在每两天升温1℃的状态。当水温到了90℃，青蛙几乎已经被煮熟了，但它仍然不会主动从容器中跳出来。其实，这并不是因为青蛙本身的迟钝。事实上，如果将一只青蛙突然扔进热水中，青蛙会马上一跃而起，逃离危险。青蛙对眼前的危险看得一清二楚，但对还没到来的危机却置之不理。

“温水煮青蛙”道出了缺少危机意识的危害性。在企业管理中也是如此，作为企业的领导者，如果失去危机意识，认为企业和自己都处于十分安稳、安全的环境下，就容易变得安逸，就会失去工作活力，而一旦遇到真正的危机，那么，就会像温水里的那只青蛙一样束手无策而只有眼睁睁等死了。

那些优秀的管理者都明白，只有时刻保持危机意识才能不断成长。海尔集团董事局主席张瑞敏在谈到海尔的发展和未来时说：“市场竞争太残酷了，只有居安思危的人才能在竞争中取胜。”英特尔公司的缔造者格鲁夫在谈到其取得辉煌业绩时也说：“只有那些恐惧感强烈、危机感强烈的人才能生存下去。”

巴尔扎克曾经为所有的企业领导者上过耐人寻味的一堂“课”，他说：“一个商人不想到破产，如同一个将军永远不准备吃败仗，只能算‘半个商人’，是不成功的商人。”怎样才能成为“一个商人”即成功的商人呢？巴尔扎克给出的答案是：“要想到破产。”日头正午，是最辉煌的时候，也是西下的开始。虽然说的是自然现象，不能与企业生存发展进行简单的类比，但是企业要时时想到“日落西山”的时候，这是生存法则。

同样，在现代企业中，任何一个领导者都要有这种“想到破产”的危机意识，警惕企业末日（破产）的到来。而领导者如果没有这种高度的警惕性，那么，一旦遭遇事关企业未来巨大危机的突然袭击，必然缺乏应对之策，在无准备之仗中毁掉自己和企业的未来。因此，企业经营者和所有员工面对市场和竞争，要时刻保持危机感，不要陶醉在一度的“成功”里。记住，今天的成功并不意味着明天的成功，企业最好的时候往往是没落的开始！

巴菲特定律：企业投资要找到市场空缺

作为企业的领头羊，管理者势必要担当为企业投资的巨大任务，而投资决策的正确与否，必然也决定了企业的收益如何，甚至关乎到企业的生死。为此，每个管理者都应该把学习如何投资列入日常工作的范围。而关于如何投资这一点，美国股神巴菲特提出一条定律：在其他人都投了资的地方去投资，你是不会发财的。

巴菲特能取得如此卓越的成就，得益于他自己的信念，他后来将其总结为巴菲特定律。之后很多投资人士的成功，都或多或少遵从着这个定律。

很久以前，几乎所有人都认为只有硬件才能赚钱，比尔·盖茨是第一个看到软件前景的商人，而且“以软制硬”，把其软件系统应用到所有的行业或公司。微软开发的计算机软件的普遍使用，改变了资讯科技世界，也改变了人们的工作和生活方式。人们把盖茨称为“对21世纪影响最大的商界领袖”，一点儿也不过分。现在，传统经济已让位于创造性经济。美国统计表明，1999年底，只有3.1万员工的微软公司，市场资本总额高达6000亿美元。麦当劳公司的员工为微软的10倍，但它的市场资本总额仅为微软的1/10。尽管21世纪依然有汉堡包的市场，但其影响和威望，远不能同微软相比。

另外，微软还是第一家提供股票选择权给所有员工作为报酬的公司。结果，创造了无数百万富翁甚至亿万富翁，也巩固了员工的忠诚度，减少了员工的流动。这一方法被别的企业竞相采用，取得了巨大的成功。

微软处处领先，靠的就是创新。要最大限度地发挥人的潜能，就不要受制于自缚手脚的想法。成功者相信梦想，也欣赏清新、简单但很有创意的好主意。

因此，作为管理者，如果想要投资成功，就要避开那些饱和的市场，选择他人没有涉足的区域。这一长远眼光的发展战略，不但能避开强劲的竞争对手的拼杀，还能独自开发一个前景广阔的市场。

生活往往就是这样，你抢先一步，占尽先机，得到的是金子；而你步人后尘，东施效颦，得到的可能就是失败。

为此，任何一个致力于投资的管理者，都需要记住以下十点：

（1）投资要有规律。

（2）明确买价，它决定你报酬率的高低。

（3）税负的避免和利润的复合增长与交易费用使投资人受益无穷。

（4）不在意一家公司来年可以赚多少，仅在意未来5~10年能赚多少。

（5）价值型与成长型的投资理念是相通的：价值是一项投资未来现金流量的折现值，而成长只是用来决定价值的预测过程。

（6）通货膨胀是投资者的最大敌人。

（7）要把投资对象放到未来收益高的企业。

（8）投资人要对所投资的企业进行全面了解，才能获得财务上的成功。

（9）“安全边际”从两个方面协助你的投资：一是缓冲可能的价格风险，二是可获得相对高的权益报酬率。

（10）拥有一只股票，期待它下个星期就上涨，是十分愚蠢的。

第06章 主动选择，左右两难时尽快敲定

生活中的每个人，都免不了要做各种各样的抉择，所谓抉择，就是挑选和选择，就是在“做与不做”“选择哪一项”之间进行选择。事实上，作抉择并不容易，尤其是左右为难时，人们常常会陷入踟蹰不定的境地，但无论如何，我们都必须尽快敲定，不然，再好的机遇也会悄悄溜走。那么，我们该如何从“混乱”的两难思维中跳脱出来呢？这就是本章要阐述的内容。

普希尔定律：快速决定，再好的决策也经不起拖延

当今世界，机遇是无处不在的，这一点，无论是对于个人还是企业都是一样的。但是，机遇之所以为机遇，还因为它是极少见的、转瞬即逝的。因此，在作决策时，你必须果断，只有当机立断，勇敢去行动，才有可能取得成功；如果一味地犹豫不决、瞻前顾后、思前想后，等下定决心的时候就只能看别人的成功了。

对此，A·J·S公司副总裁普希尔提出：再好的决策也经不起拖延。在作出一项正确的决策之前，速度是关键。即使是一项好的决策，如果不能在公司中迅速形成共识，就等同于虚有。普希尔认为，凡是在某些行业内的领跑者，都具有迅速作出一项正确决策的能力；思虑太多，会阻碍迅速作出决策；任何一项正确的决策，都是现在做出来的。后来，人们将其总结为“普希尔定律”。

的确，很多人常浪费太多时间来预测未来，以致延误了作出决策的时机。我们先来看下面这个故事：

王安是著名的华裔计算机天才，在他五岁的时候，发生了一件事，这件事影响了他一生。

一天，他外出玩耍，经过一棵大树时，突然一个鸟巢掉到他头上，从里面滚出了一只嗷嗷待哺的小麻雀。小孩的心是善良的，于是，他决定把它带回去喂养，便连同鸟巢一起带回了家。

走到家门口，他忽然想起了妈妈不允许他在家里养小动物。于是，他轻轻地把小麻雀放在门口，急忙进屋去请求妈妈，在他的哀求下，妈妈破例答应了他。王安兴奋地跑到门口，不料，小麻雀已经不见了，只有一只黑猫在意犹未尽地舔着嘴巴。

王安为此伤心了很久。

从此，他记住了一个很大的教训：一旦自己认定了某件事，就不能犹犹豫豫，一旦犹豫不决，就会让自己错失机遇。

也就是因为他记住了这个教训，所以王安在人生的道路上成就了一番大事业，成为计算机界的名人……

从王安的经历中，我们可以得出，行动的天敌就是拖延，停止拖延的最好方法就是马上付诸行动。犹太人口数量占全球的1%，但全球7%的财富在他们手中，因为他们是行动的主人。犹太人做任何事都尽最大的努力，从来不把今天的事留给明天。从不拖延，今日事今日毕，应该成为我们每个人的必备素质。

这要求我们在决策的时候做到以下两点。

1.决策要果断

果断要求一个人有善辨的能力，并能迅速估算情况，然后适时作出决定。诚然，果断要求的是速度，但绝不是武断，具有武断性的人往往懒于思考而轻易作出决定。他们虽然也能快速作出决定，但往往欠缺周全的考虑，因此，他们作出的决定往往是主观的。

2.在抓住机会的同时，也要迅速行动

要成功，除了要抓住机会，还要行动迅速。在机遇面前，千万不可犹豫，只有抓住机会，将构想赋予行动才会有意义，才可以领先对手，抓住机会取得成功。

总之，我们在作任何决策包括实施决策的时候，都不可以优柔寡断、前怕狼后怕虎，决定的事就要勇敢地去做，只有抢先一步做，才有可能赢取先机，获得成功！

卡贝定律：放弃有时比争取更有意义

在印度的热带丛林里，人们捕捉猴子的方法很奇特。

人们先安置一个固定的小盒子，然后在里面放上猴子爱吃的食物，但盒子并不是敞开的，而是在上方开一个小口，正好可以让猴子把前爪伸进去。而贪吃的猴子肯定会把爪子伸进去，此时，它的爪子就出不来了。

人们常常用这种方法捉猴子，因为猴子有一种习性：不肯放下已经到手的东西。

人们总会嘲笑猴子的愚蠢：为什么不松开爪子，放下坚果逃命？实际上，我们人类又何尝不是如此呢？

现实生活中，很多人往往把目光盯在那些虚无缥缈的东西上，而且还拼命地去争取，甚至不顾后果。其实，有时候，只有懂得放弃才能找到新的出路和机遇。对此，卡贝提出：放弃是创新的钥匙。这就是著名的卡贝定律，这一理论教会人们：在未学会放弃之前，你将很难懂得什么是争取。

瑞士军事理论家菲米尼有一句名言：“一次良好的撤退，应与一次伟大的胜利一样受到奖赏。”同样，我们在做决策时，也要懂得放弃，并且要果断、大气地放弃，以另谋出路。当然，不是面对任何事物都需要放弃，在毫无出路或者面对那些蝇头小利或毫无前景的决策时，才应该有目的、有计划地放弃，这才是追求创新、富有远景所必需的成功条件。这里，我们首先来看下面一个哲理故事：

一个青年向一位富翁请教成功之道。富翁拿了3块大小不等的西瓜放在青年面前："如果每块西瓜代表一定程度的利益，你选哪块？"

"当然是最大的那块！"青年毫不犹豫地回答。

富翁笑了笑说："那好，请吧！"

富翁把那块最大的西瓜递给了青年，而自己吃起了最小的那块。很快，富翁就吃完了，随后拿起桌上的最后一块西瓜得意地在青年面前晃了晃，大口吃了起来。

青年马上明白了富翁的意思：富翁吃的瓜虽然没有我的瓜大，却比我吃得多。如果代表一定程度的利益，那么，富翁占的利益自然就更多。

其实，为企业作决策就像吃西瓜，要想使一个企业有大的发展，管理者就要有战略的眼光，要学会放弃，只有放弃眼前的诱惑，才能获得长远的大利。

综观世界各大企业，都未尝不懂得放弃在追求新机遇上的重要性，其中，松下公司尤为典型。

1964年，经营十分顺利的日本松下通信工业公司突然宣布不再做大型电子计算机。当时的松下在这个领域内已经研究五年了，且投入10亿日元研究开发资金，而研发也很快要进入最后阶段，松下公司突然全盘放弃，需要多么大的魄力。

当时的松下财政上并不紧张，所以这一决定成为世界商业史上的一次重要决定。当时的松下幸之助是因为考虑到大型电子计算机市场竞争十分激烈，一招不慎，就可能使整个公司陷入危机之中，等到那个时候再行撤退，可能就为时已晚。

松下幸之助这个撤退的决定是正确的，之后的市场正是按照他的预测行进，像西门子、RCA等公司，都陆续放弃了大型电子计算机的生产。松下幸之助用他的预见能力和全局观念果断地放弃，让松下走在了其他企业的前面。

的确，放弃有时比争取更有意义。如果努力争取的东西与目标无关，或者目前拥有的东西已成为负累，或者劣势大于优势，那还不如果断放弃。

总之，我们在为自己所作出的决策权衡利弊之后，如果发现决策失误，那么，也要有敢于放弃的魄力，此时，你可能会突然发现，原来新的机遇正在前方！

瞻前顾后，只会白白浪费时间

你是否经历过以下场景：下班后，你需要留下来加班，但此时作为你竞争者的同事却一直在给你打电话，约你去喝一杯。你怎么办？你是继续加班还是经不住他的诱惑？如果你选择后者，那么，只能说明你是个容易被他人影响的人。

成功学创始人拿破仑·希尔说："生活如同一盘棋，你的对手是时间，假如行动前犹豫不决，或拖延行动，你将因时间过长而痛失这盘棋，你的对手是不容许你犹豫不决的！"

因此，你如果希望提高执行力和渴望有所作为，那么，你就必须努力成为一个有主见的人。在作抉择时，你如果左思右量，那只能延误时机。的确，有时候，思虑周全并不为过，但千万不能瞻前顾后。所谓不要瞻前顾后，就是不要考虑别人如何评价我们、如何看待我们、成功后会得到什么奖励和表扬。别人的评价是发生在我们做完事情之后，而不可能在我们的行动之前或同时；而且是在我们做过之后很久很久，才会有客观的中肯的评价。那些及时的、同时的表扬和奖励都是安排的和鼓励性质的，不是真正客观的准确的评价。

不得不说，在我们的工作和生活中，不少人都是因为缺乏主见、被别人左右行为而在浪费生命。他们太容易被周围人的闲言碎语所动摇，太容易瞻前顾后、患得患失，以至于给外来的力量可以左右他们的机会，这样，似乎谁都可以在他们的思想天平上加点儿砝码，随时都有人可以使他们变卦，结果弄得别人都可以发表意见，自己却没有主意。

我们大部分人都很希望成功，但只愿意做很少的努力。而那些成功者之所以会成功，是因为他们即使害怕也会行动，而大多数人正是因害怕而没有作为。约翰·沃纳梅克——美国出类拔萃的商业家这样说过："没有什么东西你是想得到就能得到的。"成功的人与那些蹉跎人生的人的最大区别就是行动！如果能追溯那些成功人士的奋斗之路，你就会感叹："难怪他会做得这么好！"怎么样的行动能获得最大的成功呢？那就是马上行动！生活中的人们，你不要再感叹时光荏苒了，从现在起，立即行动吧，一秒钟也不要耽误，下一刻也许就是成功！

可见，我们在行动时，对世俗复杂环境我们能避开的就避开，不要轻信别人的胡言乱语，人要有自己的主见。你要有坚定的信念，只有自己当机立断，相信自己的判断和能力，远离小人，你的事业才会成功。

的确，人世间有太多会扰乱我们心绪的因素，对此，我们要懂得调节，这样才能避免他人的有意干扰。为此，我们需要注意以下六点。

1.要养成独立思考的习惯

不能独立思考，总是人云亦云，缺乏主见的人，是不可能作出正确决策的。如果不能有效运用自己的独立思考能力，随时因为别人的观点而否定自己的计划，将会很容易使自己的决策出现失误。

2.决策要稳健

有时候，你的大脑可能一个劲儿地陷入哪个好哪个坏的争论之中，事实上没有这个必要，只要没有明确的二者择一的必要，就不必太早决策。

3 .坚决按照某种原则执行

利与弊往往是事情的一体两面，很难分割。有的人明明事先已经制定了能有效抵御风险的决策章程，但是一旦现实中的风险牵涉到自己的切身利益时，往往就下不了决心执行了。

4.不要总是试图什么都抓住

过高的目标不仅不能起到指示方向的作用，反而由于目标定得过高，带来一定的心理压力，束缚决策水平的正常发挥。事实上，在多数环境中，如果没有良好的决策水平作支撑，一味地追求最高利益，势必将处处碰壁。

5.不要怕工作中的缺点和失误

成就总是在经历风险和失误的自然过程中才能获得的。懂得这一事实，不仅能确保你自己的心理平衡，还能使你自己更快地向成功的目标挺进。

6.不要对他人抱有过高期望

百般挑剔，希望别人的语言和行动都要符合自己的心愿，投自己所好，是不可能的，那只会自寻烦恼。

总之，你需要明白的是，很多时候，果断决策尤为重要，因为机会稍纵即逝，并没有留下足够的时间让我们去反复思考，反而要求我们当机立断，迅速决策。如果我们瞻前顾后，只会白白浪费时间，最终两手空空、一无所获。

鱼与熊掌不可兼得，学会舍弃

生活中，很多时候，我们遇到的选项都是非常具有诱惑力的，但不能同时拥有。在鱼与熊掌的选择中，我们往往会斤斤计较、患得患失、优柔寡断。由于在矛盾中停留太久，什么都想得到，最终可能什么都没得到。

生活的辩证法就是如此。我们知道，有得就有失，有失也有得，得与失是矛盾的统一体。在鱼和熊掌不可兼得时，你必须有取有舍。取就必须舍，舍了才能取。

鱼和熊掌皆我之所爱，放弃鱼或放弃熊掌当然都会很痛苦，但只有果断地放弃其中之一，才会得到、拥有其中之一。只有作出选择，才不至于什么都得不到。

在必须拿定主意的那一刻，你会犹豫彷徨、无所适从吗？关键处、紧要时，你能当机立断、正确选择吗？我们先来看看下面两个有趣的故事吧：

之一：一头驴子极度饥饿，正在此时，他的主人搬来两捆青草，这两捆草无论是在数量、颜色、鲜嫩程度上都是一样的。驴子想："吃右边的吧，可能会失去左边的；可是要是吃左边的，没准儿右边的又会被人拿走。"就这样，驴子哪边的也舍不掉，只好站在两捆青草中间挣扎和徘徊，最后饿死了。

之二：在仙雾缭绕的山中，有一位仙子，她有着神奇的仙力，能决定山中所开花的颜色和样子。

有一朵蓓蕾，它非常美丽，很受仙子喜爱，为此，仙子告诉它，它可以优先选择自己喜欢的颜色。然而，仙子最后很失望，因为蓓蕾选择太多，又一直拿不定主意。在花季过了之后，仙子在山谷中发现了它——一朵未及开放便枯死了的蓓蕾，只是因为它选择太多却始终无法作出决定。

人的一生中，总要面对各种选择。很多时候，还必须对遇到的多种可能做出单项选择，如：毕业生选择就业时遇到两份同样待遇丰厚、前景良好的工作，购物时琳琅满目的商品哪样都令人爱不释手等。当遇到多个选项、鱼和熊掌又不可兼得的时候，你有能力和魄力作出明智的抉择吗？

选择是一门看似简单却十分有讲究的艺术。人的一生，就是一个不断进行选择的过程。选择的正误和效率高低，是一个人价值取向、思想水平、道德意识和判断能力的综合反映。

有选择就必须放弃，而放弃，对每一个人来说，都是一个痛苦的过程，因为放弃意味着永远不再拥有。但是，不会放弃，想拥有一切，最终你将一无所有，这是生命的无奈之处。

如果你不放弃眼前的热烈，就无法享受花前月下的温馨……生活给予我们每个人都是一座丰富的宝库，但你必须学会放弃，选择适合你自己应该拥有的，否则，生命将难以承受！

生活中，每个人都有着不同的发展道路，面临着人生无数次的抉择。当机会接踵而来时，只有那些树立远大人生目标的人，才能作出正确的取舍，把握自己的命运。树立了远大目标，面对人生的重大选择就有了明确的衡量准绳。孟子曰：舍生取义，这是他的选择标准，也是他人生的追求目标。

有时候，我们选择的似乎只是如何处理问题的方式方法，但实际却也是在对自己的人品、人格作出选择。选择必须考虑到社会效益，不能因一时之快或蝇头小利而失去做人的道德、良心和他人的信任。

总之，社会大舞台上，每个人都是自己生活和生存方式的编导兼演员，只有学会正确地进行选择，有所为，有所不为，才能演绎出精彩的人生剧目。

恐惧设定：这件事最差会做成什么样子

在你的人生当中有没有那么一件事情，你一直很想去尝试，如创业、学习一项新技能抑或是一场说走就走的旅行，但是因为你始终不愿意踏出自己的舒适圈，而不断地用各种借口把计划延迟，以致想了很多却迟迟没有行动。是什么造成了我们想得多，做得少呢？说到底，就是因为恐惧。

对此，我们可以运用恐惧设定的方法来直面现实。恐惧设定是一个特别的思考方法，就是通过一些问题，让我们更有勇气踏出舒适圈，完成自己想要完成的目标。简单来说，就是让你提前去考虑最坏的状况，仔细地去考虑那些你想要做的，却因为恐惧而不敢做的事情。的确，克服恐惧的最好办法，就是面对恐惧，让它从未知变成已知。

有这样一句格言：轻松的路会越走越艰难，艰难的路会越走越轻松。

这句话的意思是轻松地选择困难的人生，困难地选择轻松的人生。我们最害怕去做的事情，往往就是我们最应该做的事。折磨我们的往往只是想象而已，都不是真实的事情。这个恐惧设定可以帮助我们勇敢地踏出舒适圈，完成更多想要完成的目标，向更好的自己迈进。

在美国，有个刚毕业的年轻人，在一次体能筛选中，因为表现良好而被选中，成为一名军人。

在外人看来，这是一件值得庆幸的事，但他看起来却并不高兴。他的爷爷听说这个好消息后，便大老远地来看他。看到孙子闷闷不乐的样子，就开导他说："我的乖孙子，我知道你担心的事，其实真没什么可担心的，你到了陆战队，会遇到两个问题，要么是留在内勤部门，要么是分配到外勤部门。如果是内勤部门，那么，你就完全不用担忧了。"

年轻人接过爷爷的话说："那要是我被分配到外勤部门呢？"

爷爷说："同样，如果被分配到外勤部门，你也会遇到两个选择，要么是继续留在美国，要么是分配到国外的军事基地。如果你分配在美国本土，那没什么好担心的嘛。"

年轻人继续问："那么，若是被分配到国外的基地呢？"

爷爷说："那也还有两个可能，要么是被分配到崇尚和平的国家，要么是战火纷飞的海湾地区。如果把你分配到和平友好的国家，那也是值得庆幸的好事呀。"

年轻人又问："爷爷，那要是我不幸被分配到海湾地区呢？"

爷爷说："你同样会有两个可能，要么是留在总部，要么是被派到前线去参战。如果你被分配到总部，那又有什么需要担心的呢！"

年轻人问："那么，若是我不幸被派往前线作战呢？"

爷爷说："同样，你会遇到两个选择，要么是安全归来，要么是不幸负伤。假设你能安然无恙地回来，你还担心什么呢？"

年轻人问："那倘若我受伤了呢？"

爷爷说："那也有两个可能，要么是轻伤，要么是身受重伤、危及生命。如果只是受了一点儿轻伤，而对生命构不成威胁的话，你又何必担心呢？"

年轻人又问："可万一要是身受重伤呢？"

爷爷说："即使身受重伤，也会有两种可能性，要么是有活下来的机会，要么是完全无药可救了。如果尚能保全性命，还担心什么呢？"

年轻人再问："那要是完全救治无效呢？"

爷爷听后哈哈大笑，说道："那你人都死了，还有什么可以担心的呢？"

是呀，就像这位爷爷说的"人都死了，还有什么可担心的呢？"这是对人生的一种大彻大悟。有时候，我们对某件事很担心，但只要我们转念一想，最好的状况莫过于此了。以这样的心态面对，其实就没有什么可担心的了。

那么，面对内心的恐惧，我们该如何做呢?

1.做好最坏的打算

常言道："能解决的事不必去担心，不能解决的事担心也没用。"就如故事中的那位爷爷所说："人都死了，还有什么好担心的呢？"这样一想，你会发现，在最坏的情况面前，也没什么可忧虑的，那么，你也就能变得积极了。

2.学会转换思维

例如，面对着半杯水，对于乐观旷达、心态积极的人而言，是："哈，真高兴，我还有半杯水！"对那些悲观沮丧、患得患失的人而言，则是："唉，只有半杯水了，这该如何是好呀？"

的确，人生就是不断地抉择，要看你用什么态度去看待这些有赖你决定的无数机会。能够综观每件事情、每个问题的正反两面或更多面，你将发现内心最深沉的恐惧在所有状况明朗之后，将会自行化为乌有。

第07章

兼听则明，作决定前多听听他人的建议

自古以来，无论是帝王将相还是文人志士，都深知听取他人意见对于人生抉择的重要性，“兼听则明、偏信则暗”“以铜为镜，可以正衣冠；以史为镜，可以知兴替；以人为镜，可以明得失”，一个人的认知和经验有限，多听取他人的意见、博采众家之长，能帮助我们做出更明智的决策。为此，生活中的人们，在今后的工作和生活中，在做任何决策时，都要警惕一意孤行，应多采纳他人意见，从而降低决策出错的可能性。

兼听则明，广开言路

古人云：“兼听则明，偏信则暗”，这句话的意思是，同时听取各方面的意见，才能正确认识事物；只相信单方面的话，必然会犯片面性的错误。自古以来，在官场就有着“言能进，道乃进”的执政理念，意思是说，只有能够听得进下属的意见，才能使自己的工作得到不断地完善。大企业家强调，要广泛倾听下属的意见和建议，才能有效地管理下属，更好地完成工作。同样，生活中的我们在作任何决策时，也要善于倾听他人的意见，这样我们才能从他人身上汲取智慧和力量，进而减少决策错误的可能性。

战国时期，一位君王曾下过一道求谏旨令：“群臣吏民能面刺寡人之过者，受上赏；上书谏寡人者，受中赏；能谤讥于市朝，闻寡之耳者，受下赏。”这道旨令一下，收到了极好的效果。一年之后，人们想再进直言，已无话可说了。而这个国家在很长一段时间内，国泰民安，社会稳定。

我们先来看看下面的故事：

有一天，唐太宗升朝议事，他端坐在龙座之上，双手轻按龙座扶手，神态庄严、威武，两边侍者大气不敢出。他轻轻咳嗽一声，问大臣："众爱卿，你们中的许多人是能言善辩的宿儒，为什么上朝议事，却总是慌慌张张，甚至颠三倒四呢？"

魏徵深知个中缘由，便上前一步，毫不客气地奏道："皇上，您形象威武，每次上朝又总是神态严肃，气势逼人，加之朝廷气氛森严，所以为臣的才那么慌张。皇上以后临朝，宜稍减龙威，最好放下皇帝的架子，对大臣和颜悦色。这样，大臣们发言讲话就会自然了。"

唐太宗有些暗中得意，又有些难堪；但转念一想，又觉得这种肺腑之言很难得，不便发作。于是，他将计就计，想用近来萦绕于胸的问题难一难魏徵。

"爱卿之言提醒了我。近来，我一直在思考古人常议论的'明君''暗君'的问题。你对这明、暗之别，有何高见呢？"

魏徵胸有成竹，缓缓上前，应声答道："皇上，作为万民之主而能兼听各方面的意见，则为明君。偏听一方意见，甚至于偏信小人的意见，则为暗君。像隋炀帝那样的君主，就是暗君。只有明君，办事才能不出差错，才能赢得万民拥戴。而暗君，必定落得个身败名裂、亡国灭族的下场。请皇上慎之。"唐太宗虽然听到这样的话有点儿不舒服，但还是决定听从魏徵的劝谏。

唐太宗是历史上著名的皇帝，而其之所以在历史上有那么大的名气，很重要的原因就是他懂得倾听大臣的意见，尤其是魏徵这样敢于直谏的人，唐太宗也能忍住性子，耐心倾听，因此，才有唐代的繁荣。

20世纪60年代，日本的经济一度陷入萧条的状态，当时的松下电器也是如此。为了能给企业找到出路，松下幸之助决定调整整个销售制度，但是遭到了全体员工的反对。

随后，为了倾听大家的想法，松下幸之助召开了集体会议。会议开始，他就说："今天我召集大家来这里，就是想知道关于改变现下的状况，大家有什么具体的想法，请大家各抒己见吧。"

说完，他就请那些原本持反对意见的人带头发表意见，他则什么都不说，只是静静地坐着倾听。

当所有人的发言都结束了的时候，他才缓缓地站起来，开始陈述自己的意见，也就是新的销售方法、推行目的等。而当他陈述完毕后，原先持反对意见的人都沉默了，接下来，他们给予了松下幸之助热烈的掌声。

应该说，松下幸之助之所以能解决这次经济问题，很大程度上得益于这次召开的会议，而会议的成功也得益于他善于倾听。他把说话的机会交给这些下属，让他们感受到了尊重，从而很快消除了反对者的不满，最终成功推行了自己的改革措施。

那么，如何才是倾听有道呢？

1.用心倾听

在我们身边，每个人都是一个独特的世界，都是一道美丽的风景。要想领悟风景背后的奥秘，只有用心。倾听，不是用耳朵，而是用心。心若不到，满耳都会是噪声。所以，我们在倾听他人的时候，需要用心倾听，这样才能获取更多的信息。

2.用脑倾听

在倾听的时候，还需要用脑，善于分析他人所说的话，判断对方真正想说的是什么，真正想要的是什么，他在话题中回避了什么，什么时候是真情流露，什么时候又是欲言又止。听他人说话，你需要通过其话语找出其心中所隐藏的想法。不喜欢思考的听者是做不好听众的，因为意常在语言之外。

3.用脸倾听

有时候，同样的一句话，但不同的表情就会表达出不同的含义。他人在说话的同时，也在用表情、声调、手势去诉说。而作为听者的你，虽然没有说话，但你的眼神、嘴角、下巴却透露了其中的许多信息。好的听众应该是一个积极的参与者，所以在他人说话时，你应适时表现出你的表情、眼神等，从而去影响整个交流的过程。

4.用嘴倾听

作为听者的你，自然有说话的权利，虽然在某些时候，插话抢话会令说话的人心生不悦，但恰到好处的插话却是令人欣喜的，诸如“对”“确实如此”“你说得太好了”“太精彩了”等赞同的话，这些都能够很好地提高你作为倾听者的地位。

总之，我们在日常生活中作决策的时候，可以反思自己的行为，是否自己听少于说，又或者，尚未掌握倾听的技巧。总的来说，我们要做到兼听则明和广开言路。

用心观察，不要轻易下结论

无论是在工作还是生活中，都可能会遇到一些突发事件，此时，你必须迅速地作出一些判断，为接下来的行动作出指示。这体现了一个人的应急能力、抉择能力等。而要做好这一工作，我们在处理信息的过程中，就应该全面了解相关资料。俗话说："兼听则明，偏信则暗"，仅凭片面资料为判断依据，那么，得到的结论也可能是片面的，甚至是完全错误的。然而，就是有一些人，常常会出现这些失误。

皮特是某大型外企新上任的采购部经理，新官上任三把火，刚到任的他，就立志在采购部做出一番成绩，他的目标是在刚到任的这一年为公司节省出五百万美元的材料费。于是，第一个月，他就派下属去考察市场和各个部门，找出需要采购的材料，然后顺利进入工作状态。经过调查，他发现，工程部需要采购一批钢材。随后，他动了动脑筋，怎样才能以最便宜的价格买到钢材呢？

很多公司知道皮特需要购进钢材，便纷纷与之联系。有家建材公司告诉皮特："他们的工地有批钢材，价格比一般的钢材便宜一半。"为什么会这么便宜，他们称，这批钢材原本是为了建设一个大型娱乐会馆，但因为投资方撤资，所以建筑材料也就遗弃了。皮特很是高兴，真是天上掉馅饼了。于是，他二话不说就与对方签订了合同，买了这批钢材，并自以为会得到领导的嘉奖，但在进货后的第二天，他就接到了公司高层的通知——你被解雇了。到底是怎么回事儿呢？

原来，这批钢材在运回公司的时候，建筑工人发现，这批钢材的质地与一般钢材不同，便仔细观察了一下，这是一批劣质钢材，是无法作为建筑材料的。皮特了解后，赶紧与卖方联系，谁知，对方已经联系不上了。等待皮特的，只有被解雇。

皮特为什么会被解雇？皮特为什么会被骗？因为他在接受卖方提供的信息后，并没有进行核实和了解，仅凭对方的几句话就轻信了对方，给公司带来了很大的损失。其实，像皮特这样的人并不鲜见，他们常常在例行、定型的工作上，暴露出很多弱点，其中便包括思虑不周全，为此，作出错误的判断。具体体现在以下三种情况上。

1.喜欢以经验代替思考

尤其是遇到有前例之事，他们往往欠缺考虑，这一方法偶尔可以帮助他们躲过问题，但也有失灵的时候。

2.方案过多、必须择其一时，欠考虑

一连出现好多个方案，而且，每个方案都有其可取之处，于是，他们只好随便选择一个。

3.时间紧急时，草草作出决定

遇到此类非常状况，他们已经没有时间再找出前例，必须果断作出决定，向部属有所指令。如果缺乏这种能力，就会导致措施不对、混乱等更大的后果。

可见，一般情况下，不能做出正确的判断结果的人，多半是因为无法站在广泛、全局的角度去判断一件事。换句话说，他们缺乏及早掌握问题本质的能力和及早概括问题要点的能力。而要解决这一问题，你应该从以下三个方面着手：

1.时刻提醒自己问题的重要性

你需要明白的是，你的决策是否正确，关系着下一步行动的方向，因此，你要时刻提醒自己，一定要从多个方面综合考虑。

2.深入一线

你必须了解到足够的一线信息，必须对一线的动态了如指掌，只有这样，才能提高决策的速度，避免决策错误。

3.决策必须有连续性

要知道，决策的连续性往往比政策的最优化更重要。因此，你应避免各项政策的“朝令夕改”。对于已经决定的事情，即使发现不是最优方案，也不要随意变更，而应该用心观察。这是因为：

（1）你可能以为目前状况下的方案已经是最优的了，实际上，新的方案总是会不断出现，如果一遇到新情况便调整，那么，你的工作也就没完没了了。

（2）对于已经决定的事情，如果善变，则会给他人留下说话不算数的印象，久而久之，则会使你缺乏威信。

总之，我们都要养成凡事多研究、用心观察、思虑深远的作风，不要轻易下结论，否则，最终吃亏的不单单是自己，还有可能影响整个团队，这是对工作极度不负责任的！

谨慎思考，作决定时要给自己留有余地

人生在世，无论是谁，都避免不了要作决定，而作决定的内容也无非这两条：一是说话，二是做事。无论是说话还是做事，都必须既有条又有理。这其中的条理，即为“度”的把握，也就是人们常说的分寸问题，说话、做事懂得把握分寸，懂得给自己留条退路，这是成功的基础。

中国人有句极具哲理的话：“话不说满，事不做绝”，也是要求我们在说话、做事方面把握好分寸，留有余地，而往大的方面说，是一种适度原则与中庸智慧。

任何人，在日常生活中作任何决定，都要避免随性而为，都要给自己留余地。要知道，社会是另一个课堂，在这个课堂里，一旦学不好，你就会栽跟头，甚至“伤亡惨重”。因此，不妨从现在开始，谨慎思考、谨慎决定，说话、做事多注意分寸，给自己留条后路。

一次，楚王邀请群臣来喝酒，席间，为了助兴，楚王叫来了自己最宠爱的两位美人许姬和麦姬轮流向群臣敬酒。

因为是在室外举办的宴会，所以，当一阵狂风吹来时，在场的所有灯笼和蜡烛都被吹灭了。此时，一个好色的官员趁机摸了许姬的玉手。许姬本能地甩了一下手，谁知道，这下子，她一不小心扯掉了这位官员的帽带，然后她匆匆回到座位上并在楚王耳边悄声说："刚才有人乘机调戏我，我扯断了他的帽带，你赶快叫人点起蜡烛来，看谁没有帽带，就知道是谁了。"

楚王听了，并没有责备那位官员，而是立即令人先不要点蜡烛，并对在场的所有人说："我今天晚上，一定要与各位一醉方休，来，大家都把帽子脱了痛快饮一场。"

有了楚王的命令，大家只好脱了帽子，自然也就看不出是谁的帽带断了。后来，楚王攻打郑国，有一健将独自率领几百人，为三军开路，斩将过关，直通郑国的首都，而此人就是当年调戏许姬的那一位。他因楚王施恩于他，而发誓毕生效忠于楚王。

"人非圣贤，孰能无过。"很多时候，我们放他人一马，就是给自己创造机会。很多时候，我们都需要宽容，宽容不仅是给别人机会，更是为自己创造机会。

俗话说得好，"物极必反""满招损，谦受益，时乃天道。"水缸装满了水，再往里面添水，就会往外溢，这就是物极必反。事物发展到了极端，必然朝着相反的方向发展。如果我们在事情的发展过程中，能人为地适度控制一下，就不至于物极必反了。

所以，生活中的任何人，我们在作任何决定时一定要谨慎思考、给自己留余地。例如，当你取得的位置非常显赫或者事业取得非常大的成功，你就不能再争强好胜了，而应该与别人分享，与别人合作，同舟共济，只有采取低调学习的态度，才不至于骄傲自满。再如，在与人竞争的过程中，在奠定了自己必胜的战局的时候，要给别人留一条退路，同时也给自己留一条退路。而做得太绝，不留后路，必会急火攻心、一败涂地。说话、做事讲求弹性、把事做得更加灵活、进退得宜，无论在社交还是求取成功的过程中，你都会如虎添翼！

重视反对者的看法和意见

我们都知道，一个人的工作和事业是否能成功，与其是否能作出明智的决策有很大的关系。而那些成功者之所以能成功，是因为他们重视反对者的看法和意见，这样不仅能防止决策错误，更能让他人产生被重视的感觉，进而让他人支持我们。

我们在作一项决定时，难免会听到反对的声音，而如何看待这些反对者的意见，不但决定了沟通的效果，还决定了我们做事的结果，更影响到人际之间的关系。善于倾听下属意见并认真处理反对意见的领导者，能快速与人达成共识，赢得认同。

陈云是一家私企老板，一直以来，她的企业都经营得不错，这主要是因为她善于听取员工的意见，总是能把员工对企业的不满及时消除，让员工敢说话、说真话。

例如，最近一个月，她发现员工的工作积极性降低了，于是，她召开了一次全体员工大会，让大家以无记名的方式将个人意见投到意见箱中。后来，当陈云当着众人的面打开这些意见条之后，她发现，原来公司大部分员工都对最近各级领导暗中实行的招聘方式很不满。对此，陈云事后进行了解，原来公司新进的一批员工都与一些私人关系有关。自此之后，为了消除员工的消极情绪，她在公司内实行了一次严格的新人考核制度，而大部分“关系户”都被刷下来了，剩下的一批精英最终也被员工们接受了。

自此，陈云亲自在公司制定了一套“坚持制度选人与不拘一格相结合”的选人制度。

这里，我们不得不佩服陈云处理问题的方法。如果她全部开除那些“关系户”、实行一刀切，自然会埋没某些人才；而全部留为己用，自然也无法让员工们心服口服，于是，采用一套严格的考核制度不仅能为公司选到优秀的人才，还能及时消除公司内部的这一不和谐因素，可谓一举两得。另外，她采取的“坚持制度选人与不拘一格相结合”的选人制度，可以遏制和解决用人中的不公正现象和腐败行为，还突破了论资排辈等传统用人观的束缚。

相反，我们如果不听取反对意见，难免刚愎自用，甚至作出错误的决策。我们再来看看下面一则寓言故事：

从前，有一位潜心布道的神父。

这天，他按照计划来到一个小村庄，他走进了教堂，准备为这里的人祈祷，但天突然下起了大雨。不到几个小时，洪水就淹没了整个村庄，教堂也没有幸免。

他发现，洪水已经淹没了他的膝盖。村里的警察很快赶来了，并让他赶紧离开教堂，但神父却固执地说：“不，我不走！我坚信仁慈的上帝一定会来救我的，你先去救别人吧！”

过了一会儿，水越来越深了，已经淹没了神父的腰部，神父只好站在椅子上继续祈祷，这时，有几个救生员划着船在教堂外大喊：“神父，赶快过来，我们救你走！”神父还是执着地说道：“不，我要坚守着我的教堂，相信慈悲的上帝一定会将我从洪水之中救出去的。你赶快先去救别人吧。”

又过了半个小时，整个教堂完全被洪水淹没了，神父只好爬上十字架上，在滚滚的洪水中坚持着。这时候，一架直升飞机缓缓地飞到了教堂上方。飞行员丢下悬梯，大喊道：“神父，快上来吧，这是最后的机会了，我们可不愿意看到你被洪水冲走！”神父依然意志坚定地说：“不，我要守住我的教堂！上帝绝对会来救我的。你去救其他人吧。上帝会永远与我同在！”

固执的神父最终没有逃脱被滚滚洪水冲走的命运……

死后的神父还是有幸到了天堂，他质问上帝，为什么不来救他？上帝回答道：“我怎么不肯救你了？你忘记了？第一次，我派人劝你离开那危险的地方，可是你坚决不肯；第二次，我派了一只救生艇去救你，但你还是一意孤行，不肯离开；第三次，我以对待国宾的礼仪待你，又派了一架直升飞机去救你，结果你还是不愿意接受我的救助。是你自己太固执了，总是不肯接受别人的救助，我在想，你是不是太想见到我了，那么，我就成全你吧。”神父顿时哑口无言。

听完这个故事，我们不免觉得有点儿可笑，这位神父是迂腐的，但其实在他的内心，也有自己的理由，他认为自己是与众不同的，上帝最终会来拯救他。当然，最终，他只能被淹没在洪水之中。

现在，我们来试想一下，如果我们的生活圈子里有这样一个固执己见、自以为高人一等的人，我们会愿意与他交往吗？答案必然是否定的，因为谁也不愿意被踩在脚下。这个故事也告诉我们，无论做人还是做事，一定要懂得变通，要懂得听取别人意见。

同样，生活中，你必定也会遇到他人与你意见不一致的情况，此时，我们一定要重视和认真处理，因为在一个团体中，成员对同一问题认识不一致，观点、意见不相同，往往会导致行动上的差异和整个组织活动的不协调。为了协调成员之间的关系，我们更要处理不和谐因素。

平等交流，才能让他人畅所欲言给出建议

现实生活中，每个人都渴望获得他人的尊重和认可，这一点，无论是国家元首还是流浪汉、乞丐，都无一例外。同样，我们在作决策时，也要平等地与人沟通，让他人感受到尊重，这样他人才会畅所欲言，也才能给我们最诚恳的建议。

在沃尔玛公司，高层领导们一直重视且强调必须倾听基层员工的心声，即便当下公司已经获得了极大的扩展，也依然如此。

“门户开放”是沃尔玛一直实行的政策，这个政策的含义是，在公司内，即任何时间、地点，也包括任何员工，都有权利和机会发言，也可以以书面或者口头的形式和高层的管理人员甚至是总裁进行沟通，将自己的建议提出来，或者问询自己关心的问题，如果受到了不公平的待遇，也能得到解决。公司保证提供机会讨论员工们的意见，对于可行的建议，公司会积极采纳并用来管理公司。

沃尔玛公司的董事长沃尔顿先生也总是很乐于接见来自各

部门的基层工作人员，他总是很耐心地听对方把话说完，如果情况属实，或者对方的意见正确，那么，他就会认真解决与之有关的问题。同时，他要求公司每一位经理认真贯彻公司的这一思想，并要付诸行动，而不是做表面工作。

沃尔玛重视对员工的精神鼓励，总部和各个商店的橱窗中，都悬挂着先进员工的照片。公司还对特别优秀的管理人员，授予“山姆·沃尔顿企业家”的称号。

沃尔顿还强调：员工是下属，但更是“合伙人”。沃尔玛公司拥有全美最大的股东大会，每次开会，沃尔玛都要求尽可能多的部门经理和员工参加，以求让他们看到公司的全貌，公司的成就、制度以及存在的问题，这样对公司有全面的了解，员工才会心中有数。而且，每次股东大会结束后，沃尔顿都会邀请所有出席大会的员工到自己家里来聚会。

在聚会上，沃尔顿与众多不同层次的员工聊天，大家畅所欲言，交流对工作的看法，提出对公司的建议，讨论公司的现状和未来。每次股东大会结束后，被邀请的员工和没有参加的员工都会看到会议的录像，而且公司的内部刊物《沃尔玛世界》也会对股东大会的情况进行详细的报道，让每个员工都能了解到大会的每一个细节，做到对公司确实全面的了解。沃尔顿说：“我想通过这样的方式使我们团结得更紧密，使大家亲如一家，并为共同的目标而奋斗！”

正是这种视员工为合伙人的平等精神，造就了沃尔玛员工对公司的强烈认同感和主人翁精神。在同行业中，沃尔玛的工资虽然不是最高的，但他的员工却以在沃尔玛工作为荣，因为他们在沃尔玛是合伙人。事实上，在很多企业内部有个巨大的沟通问题——言路不畅。的确，当管理层次逐步增加，基层的声音就很难传达到高层领导那里。而要解决这些问题，最好的方法就是打破上下级之间的等级壁垒，尽可能地实现平等交流。而在沃尔玛，这一信条得到了完美的体现。

我们要知道，不只是企业，生活中的我们也要重视与他人的平等沟通。下面是给我们的一些建议：

（1）广开沟通和交流的渠道，尤其是要多注意利用非正式渠道。

（2）增强自己的民主意识，平易近人，谦虚谨慎，不耻下问。

（3）要摆脱虚荣心，放下面子心理，多询问他人意见。

（4）尽最大努力获取原始信息，即第一手材料，因为原始信息往往更真实。

总之，我们每个人都要有积极的沟通意识，并积极开通顺畅的沟通渠道，这样就能广纳他人的意见，进而最大可能避免错误决策。

第08章

坚信你的选择，主动屏蔽外在因素的影响

在日常活动中，我们需要做各种各样的选择，此时，我们可能会听到来自外界不同的声音、他人的反对意见等。对此，你是怎么做的？是改变自己的主意还是坚持己见？不过我们发现，但凡做事成功者，都有自己的原则和信念，他们一旦选择了，就坚定不移地走自己认定的路，他们用自己的行动证明了选择的正确性。同样，生活中的你也要坚信自己的选择，凡事既然已经下定决心，就勇敢去做，相信你会有所收获。

信守原则，让你的选择无愧于心

在社会生活中，无论做什么，都要有自己的原则。这里的原则既包括办事的方法，也包括为人处世的立场、主见。如果一味地迁就、顺从别人，实际上是软弱的表现。过于软弱，就会逐渐失去自信，而没有自信的人是很难成就大事业的。为此，我们可以将是否有原则作为判定一个人是否靠谱的重要方面。

的确，在遇到一些问题的时候，你可能不知如何下手，不知如何解决，那么，此时，你不妨抛弃那些摇摆不定的想法，从原则出发，这样才能保证你的选择是正确的。

那么，什么是原则呢？原则是说话或行事所依据的法则或标准，它规范着人应当怎样，不应当怎样，可以怎样，不可以怎样。但凡一个人，在想问题、做工作、办事情的过程中，都有一个讲原则的问题。敢不敢于、善不善于讲原则，是检验一个人、一个单位的试金石。

的确，正确的原则犹如灯塔，是不会移动的，它们是自然法则，我们打破不了。所以，我们要么让自己与它们相悖，要么去学习它们、调整它们、利用它们，并感激它们，然后使我们自己得以发展、得以解放，得到使用这些原则的能力。

北宋时期著名的文学家和政治家晏殊，14岁被地方官作为“神童”推荐给朝廷。他本来可以不参加科举考试便能得到官职，但他没有这样做，而是毅然参加了考试。事情十分凑巧，那次的考试题目是他曾经做过的，得到过好几位名师的指点。于是，他不费力气就从千名考生中脱颖而出，并得到了皇帝的赞赏。但晏殊并没有因此而洋洋自得，相反他在接受皇帝的复试时，把情况如实地告诉了皇帝，并要求另出题目，当堂考他。皇帝与大臣们商议后出了一道难度更大的题目，让晏殊当堂作文。结果，他的文章又得到了皇帝的夸奖。

晏殊当官后，每日办完公事，总是回到家里闭门读书。皇帝了解到这个情况后，十分高兴，就点名让他做了太子手下的官员。当晏殊去向皇帝谢恩时，皇帝又称赞他能够闭门苦读。晏殊却说：“我不是不想去宴饮游乐，只是因为家贫无钱，才不去参加。我是有愧于皇上的夸奖的。”皇帝又称赞他既有真实才学，又质朴诚实，是个难得的人才，过了几年，便提拔他当了宰相。

晏殊为人诚实，表里如一，不弄虚作假，这是我们应该学习的。有人说，天下最糟糕的事就是不讲原则。不能否认，现实生活中有坚持原则、刚正不阿者命运坎坷，八面玲珑、圆滑世故者左右逢源的现象。但是，这只是一时的结果，对于人生来说，暂时的甜头只会为日后种下苦果。

可见，做人不能没有原则。没有了做人的原则，也就没有了衡量对与错的尺度。从原则出发，应该成为我们每个人考虑问题的第一准则。而且，随着时代的变迁，我们应学会调整自我，信守不变的原则，并在坚持自己原则的基础上，逐渐创立自己新的原则，以不断发展和完善自己。

在现代企业中，一个有强烈原则的人，必定也是个积极主动、忠诚敬业的人。可以说，原则、纪律永远是忠诚、敬业、创造力和团队精神的基础。判断一个人人品高下的重要标准是，在关键的时刻能否坚持原则。

总之，坚持原则是一种值得特别关注的性格品质，有原则的人是靠谱的，原则贯穿于模范地履行职责和个人行为的所有方面。当你具有强烈的原则意识，在不允许妥协的地方决不妥协，在不需要借口时决不找任何借口时，工作会因此而有一个崭新的局面。

既已选择，再难也要勇敢面对

生活中，我们每个人都知道，人生的路是自己选的，对于我们选择的路，我们都希望一帆风顺，都希望获得命运的垂青、一举成功，但没有人能随随便便成功，这条路也并不是那么好走的，需要每个人经受各种考验，其中就有失败。但勇敢的人从不会被失败打倒，而是把失败当成成功的垫脚石，从失败中崛起。在困境中，他们会告诉自己，既已选择，再难也要挺过去，而且，他们不畏惧风雨，不怕挫折，不惧坎坷，所以最后他们成功了。

很久以前，三个朋友结伴去爬山，他们都背上了行囊，然后在山底下集合，可出发前，他们决定还是分开行动。这三个朋友的脾气秉性是完全不同的，所以他们最终爬山的结果也完全不同。

甲不管做什么事情都喜欢瞻前顾后，而且很想在第一时间就知道自己的收获和成功。因此，在爬山的过程中，他每往上爬一段路程，就会扭头看看自己走过的路。当他爬到三分之一处时，回头看看山下的秀美景色，颇为自负地安慰自己：“我真厉害呀，居然爬得这么高了！”然而，当他沾沾自喜地朝山顶看去时，却发现山顶遥不可及。一瞬间，他觉得万分沮丧：我付出了这么多，却没有成功。思来想去，他觉得爬山根本没有意义，而且不管怎么努力，也还是在距离山顶万分遥远的山脚下。最终，他决定放弃，当即掉头朝山下走去。就这样，他半途而废了。

乙非常热情，不管做什么事情都很积极。他头也不回地朝着山顶攀爬，一鼓作气地爬到了半山腰。当他坐下来休息时，看着山下的风景让人心旷神怡，因而暗暗骄傲起来：哈哈，我真是太伟大了，居然这么轻松地就来到了半山腰。当然，我也很辛苦，汗水把衣服都浸湿了呢！山这么高，大家都是坐着索道上下，我却一鼓作气地爬到了半山腰，也算小有成就了。剩下的路，对于我这样不怕吃苦的强者，哪怕是有人背我上去，也是应该的。就这样，他一直坐在那里等着有人背他上山，很快天就黑了，他不得不沮丧地朝着山下走去。

丙是一个做事情脚踏实地的人，看起来人也普普通通，没有任何出众之处。他从未觉得爬山是件容易的事情，也做好了心理准备自己要坚持不懈。虽然起初他有一些畏难心理，但是一想到别人能爬上去，他也应该能爬上去，因而就又埋头开始往上攀登。在他心里，他既不觉得自己有多么伟大，也不觉得自己多么卑微。他只想像很多人做到的那样，也凭借自己的实力成功登顶，享受一览众山小的畅意。就这样，他不声不吭地往上爬着，距离山顶越来越近，最终，成功登上了顶峰，看到了广阔的天地。

从这个故事中不难看出，甲是个容易骄傲的人，有了小小的成绩马上就会因为骄傲而退步。乙呢，是个容易满足的人。他一鼓作气爬到半山腰，却不清楚自己距离山顶还很遥远，根本不是庆功的时候，最终坐在原地等到天黑，也没有人来背他上山。丙，从表面上来看就是个普通人。正因为普通，所以他既不自以为是，也不妄自菲薄，而是坚信既然别人能做到，他也应该能做到。就这样，他怀着平和的心态，坚持不懈，最终成功登顶。

然而，我们也知道，无论作了什么决定，在执行的过程中，都有可能遇到困难。在困难面前，大部分人会选择放弃，而只有少数人还能坚持到最后是因为他们懂得自我调整，他们坚定地相信自己坚持下去就一定会取得最后的成功。正因为如此，他们用行动证明了自己曾经选择的正确性。

所以，无论如何，我们都要明白，人生没有回头路，既然选择了，就勇敢面对。当你做出一番成绩时，你会发现，自己比想象的伟大、坚强、聪明。

坚持自己的看法，你的大脑不能被他人主宰

日常生活中，可能我们都有这样的感触：对于那些经过前人证实的观点或者众人都认同的思想，我们通常会本能地接受、省略思考的过程。而事实上，一个人如果总是有从众心理的话，那么，他很难自主选择，更难坚持自己的选择，而且，他最终会变得随波逐流、毫无创新意识和创新能力，进而一事无成。

哲学家尼采说：“我们不能被人们的心理波动所驱使，错误地判断事物是否重要。”也就是说，对于任何事物，我们都要有自己的思考，要养成凡事不要看表象的习惯，有问题时就要有寻根究源的愿望，然后巧用逻辑思维找到答案。这一点，一千多年前的伽利略就给我们树立了榜样。

在伽利略之前，古希腊的亚里士多德认为，物体下落的快慢是不一样的。它的下落速度和它的重量成正比，物体越重，下落的速度越快。例如，10千克重的物体，下落的速度要比1千克重的物体快10倍。

1700多年以来，人们一直把这个违背自然规律的学说当成不可怀疑的真理。年轻的伽利略根据自己的经验推理，大胆地对亚里士多德的学说提出了疑问。经过深思熟虑，他决定亲自动手做一次实验。他选择了比萨斜塔作为实验场。

这一天，他带了两个大小一样但重量不等的铁球，一个重100磅，是实心的;另一个重1磅，是空心的。伽利略站在比萨斜塔上面，望着塔下。塔下面站满了前来观看的人，大家议论纷纷。有人讽刺说:“这个小伙子一定是有病！亚里士多德的理论是不会有错的!”实验开始了，伽利略两手各拿一个铁球，大声喊道：“下面的人们，你们看清楚，铁球就要落下去了。”说完，他把两手同时张开。人们看到，两个铁球平行下落，几乎同时落到了地面上。所有人都目瞪口呆。

伽利略的实验，揭开了落体运动的秘密，推翻了亚里士多德的学说。这个实验在物理学的发展史上具有划时代的重要意义。

表面上看，重的铁球应该是最先着地的，但实际上，伽利略向所有人证实了事实并不是如此。

从这里，我们应该有所启示，很多时候，事物的表象往往具有迷惑作用，要想拨开迷雾，你就要善于运用逻辑思维。因为思维既不同于以动作为支柱的动作思维，也不同于以表象为凭借的形象思维，它已摆脱了对感性材料的依赖。

人都是独立的个体，对一个事物都应该有一个主观的看法和评价，一味地顺从别人的看法，你将找不到属于自己的路。然而，我们的生活中有这样一些人，他们已经习惯了听从他人的意见，甚至缺乏判断力和选择的能力，这样的人又怎么可能获得别人的尊重，又怎么可能独当一面呢？

一个人活着，就要活出自我，就要学会支配自己的大脑，就要有自己的主张，这样才能维持一个人的格调。总之，我们一定要有自己的想法，要有自己的原则，当你自己认为自己的观点是正确的时候，你就没必要为了讨好别人而改变自己，也没必要因为害怕得罪人而对别人的要求来者不拒。

一个有从众心理的人是很容易人云亦云的，这种心理足以抹杀一个人前进的雄心和勇气，足以阻止自己用自己的努力去换取成功。而且，它还会让我们跟随他人的脚步而只能停在别人的身后，以致一生都碌碌无为。因此，生活中的人们，你如果想获得成功，那么，从现在起，无论遇到什么，你都要学会独立思考，坚持自己的看法，别让他人主宰你的大脑。

坚持走自己的路，别被他人的意见左右

每个人从呱呱坠地开始，就不断成长。从娇嫩的婴儿，到渐渐走向成熟，一个人要经历漫长的过程。在此过程中，不但身体要不断成长，人们的心智也要不断成熟。在这个过程中，我们的周围会出现这样或那样的声音，给我们各种指点和意见，这些人看起来很了解我们，也好像很陌生，但我们需要记住的是，你的人生是自己的，只有你自己才真正地了解你自己。所以，别人认为你是哪一种人并不重要，重要的是你是否肯定自己；别人如何打败你，并不是重点，重点是你是否在别人打败你之前，就先输给了自己！唯有时刻坚信自己，才能战胜灵魂深处所有的弱点，从而始终处于不败之地。

一天，在课堂上，哲学家苏格拉底拿出一个苹果，站在讲台前说："请大家闻一闻空气中的味道！"

一位学生举手回答："我闻到了，是苹果的香味！"苏格拉底走下讲台，举着苹果慢慢地从每一个学生的面前走过，并叮嘱道："大家再仔细闻一闻，空气中有没有苹果的香味？"

这时，已有半数的学生举起手。

苏格拉底回到讲台上，又重复了刚才的问题。这一次，除了一名学生没有举手外，其他人都举起了手。

苏格拉底走到这名学生面前问："难道你真的什么气味也没有闻到吗？"那个学生肯定地回答："我真的什么也没有闻到！"这时，苏格拉底对大家宣布："他是对的，因为这是一只假苹果。"

从这个故事中，我们了解到，你不必过于在意别人的看法。用心思考，你会发现，几乎每一个成功的故事都源于一个伟大的想法，而故事的主人公无一例外地会遇到质疑和困境。而他们的过人之处就在于能够使这些杂音在头脑中沉寂下来，让自己静静地倾听真正的声音。他们的"疯狂"并非真的盲目，其中蕴含着目的，蕴含着方法。

杰弗里·波蒂洛曾说:"只要不把你的命运交给别人，你就能决定自己的命运。"这是一种多么催人奋进的自信哪!一个人想要成功，就必须具有自信，且不要依靠别人，自己的人生，应由自己操纵和掌控。

伊尔·布拉格是美国历史上第一位获得新闻界最高奖——普利策奖的黑人记者，是美国黑人的骄傲。

但是，布拉格小时候无法接受自己的出身，甚至十分厌恶自己。因为自己的肤色黝黑，所以他感到十分自卑，也很绝望，甚至一度认为自己在长大后不会有什么出息。

他父亲是个游历各地的水手，所以见多识广，儿子布拉格的心事根本逃不过他的慧眼，随后，父亲便带布拉格参观了许多名人的故居。

首先，父亲带布拉格去荷兰参观了梵高的故居。梵高的故居中陈列了一张小床，还有一双裂开口子的皮鞋，当看到这些后，布拉格很疑惑地问父亲："梵高不是位百万富翁吗？"

父亲答道："不是，梵高是位连妻子都没娶上的穷人。"

后来，父亲带儿子去丹麦参观了安徒生的故居。儿子又困惑地问父亲："安徒生不是生活在皇宫里吗？"

父亲答道："不是，安徒生出生于一个鞋匠家庭，就生活在这栋简陋的阁楼里。"

听了父亲的介绍，布拉格若有所思。父亲用厚实有力的大手抚摸着儿子的头说："孩子，你看，上帝并没有看轻卑微。"

在父亲潜移默化的影响和教育下，布拉格彻底发生了改变，他不但开始建立自信，还对大千世界产生了浓厚的兴趣，并且找到了自己毕生的梦想——成为一名记者，并走遍全世界。

从此，布拉格开始为理想而不懈地奋斗。大学毕业后，他如愿以偿地成为一名新闻记者。但是风无常顺，兵无常胜，他很快遭到了白人的排挤。

有一次，一个白人记者公然将布拉格辛苦了一个多月的采访稿件据为己有。布拉格当时很气愤，找到主编，希望能讨个公道。然而，事与愿违，主编竟然偏袒那个白人，根本不相信他的申辩。

这件事使布拉格再次看清了社会的现实和人生的坎坷，但是他仍然坚信自己的未来。他不辞辛苦，深入各种险境，获取第一手新闻资料。最终，他凭借独特的新闻视角和理念获得了美国新闻界最高奖——普利策奖，开创了黑人获此奖项的先河。

在颁奖仪式上，布拉格激动地说："感谢上帝！上帝并没有看轻卑微，而将高贵的灵魂赋予每个人的肉体，无论是出身高贵的肉体，还是出身卑微的肉体。感谢父亲！是他给了我自信和新生。我的经历使我确信，凭借坚定的信念和艰苦的努力，黑人可以做成任何事情。每个人都是自己命运的设计师。"

每个人的命运，只能靠自己设计，靠自己转弯。不得不说，和布拉格一样，很多特立独行的成功者在走自己的道路的过程中，总会听到别人不同的意见，但他们对自己的信念始终坚定不移。当别人对你的行为抱有怀疑甚至是反对的态度时，只有坚持自我的意见，才能有更大的突破。而且，许多事例证明，别人给予你的意见和评价，往往不是正确的。

总之，我们要知道，人活着并不是因为千篇一律而有所价值。那些伟人，都是拥有自己独特的思想，并坚持走自己的路的人。

看淡非议，坚持做自己

生活中，我们都羡慕那些成功者，但细心的你是否发现，那些真正的成功者多半是特立独行的，他们从不奢求所有人喜欢他们。在追求成功的道路上，他们也听到了一些闲言碎语，但他们始终坚持做自己，坚持自己的选择，最终，他们成功了。因此，生活中的你也要学会明白一个道理：让所有人都喜欢你是个很不成熟的想法，不必委曲求全，做好自己，你才能获得快乐。

贝克汉姆是家喻户晓的足球运动员，2009年，在回归洛杉矶银河队后的首个主场比赛中，他遭到了球迷的抗议，现场嘘声一片，但他并不以为意，因为他知道让所有人都喜欢自己是不现实的。

赛后，他接受了来自美国当地的采访，贝克汉姆表示对于当时球迷的嘘声，他毫不在意，并且说："我不在乎。你不可能让所有人都喜欢你。"在当天的比赛中，贝克汉姆用场上出色的表现回击了来自球迷的嘘声。银河队踢进的两个进球都和贝克汉姆有关，其中一球还得益于他的直接助攻。

就连曾经公开批评过贝克汉姆的银河队球员多诺万也表示：“如果大卫一直保持这样的状态，我能确信最后他能重新夺回球迷的支持。”

的确，要想打破他人的成见，我们最应该做的是做好自己，用实力给他们致命的一击，正如贝克汉姆所表现的。当然，即使那些偏见永远存在，我们也不必为之伤脑筋。

哲学家尼采曾说：“面对别人的不喜欢应有坦然的态度。对方若是从生理上厌恶你，即便你如何礼貌地对待他，他都不会立刻对你改观。不可能让全世界的人都喜欢你。以平常心相待便是。”美国前任国务卿鲍威尔也曾说：“你不可能同时得到所有人的喜欢。”因此，对于那些非议，你可以如此调节自己的心态。

1.别指望把所有事都做好

把事情做好的方法有很多，但首要的一条就是“不要试图把所有的事情都做好”；处理人际关系的准则也有很多，但最重要的一条是“不要试图让所有人都喜欢你。”因为这不可能，也没必要。

2.别指望获得所有人的喜欢

有人问孔子：“听说某人住在某地，他的邻里乡亲都很喜欢他，你觉得这个人怎么样？”

孔子答道："这样固然很难得，但是在我看来，如果能让所有有德操的人都喜欢他，让所有道德低下的人都讨厌他，那才是真正的君子呢。"

世界上确实有不少人，你越是努力和他结交，努力给他帮忙，他越是不把你放在眼里。反之，你如果做出成绩了，又不狂妄自大，自然能赢得别人的敬重。

然而，即使你做得再完美无缺、也没有招惹任何人，仍然会有人看不惯你，仍然会有很多不利于你的传言。对某些心胸比较狭隘的人来说，你在某方面比他优秀，这就已经招惹他了。

3.学会辩证地看待他人的非议

做任何事情，来自外界的评价都是两方面的，所以不要只看到杯子有一半是空的，还应该看到它还有一半是满的。对于别人的批评，有则改之，无则加勉，但没有必要影响自己的心情。对于看不惯你的人，如果他发现了你的缺点，那你就应该勇于改正；如果是误会，应该解释，解释不清，就不去解释，不妨敬而远之，敬而远之尤不可得，就避而远之。

4.总有爱你的人

你需要记住的是，你的家人是爱你的，你也有那么几个互相欣赏、互相尊重的朋友，做人做事无愧于心，就没必要在乎那些少数人的眼光。

总之，你需要明白，无论你怎么做人做事，总是有人欣赏你，让所有人喜欢是不可能的，想被所有人讨厌也不那么容易。

第09章

谨防心理误区，减少决策错误

在生活和工作中，我们每个人都希望自己能作出正确、明智的选择，因为很多时候，选择和努力一样重要，方向对了，才有成功的可能性。然而，正是因为对于选择的过分谨慎，很多人在抉择时陷入了完美主义、固执己见的泥沼，这类人要么左右迟疑，要么选择后墨守成规，很明显，缺乏变通思维，反而会导致决策错误。为此，我们在决策时必须避免一些心理误区，这就是我们在本章中要阐述的内容。

坚持你的选择，并根据实际情况加以调整

计划对于一个人的工作起着至关重要的作用。古人云，凡事预则立，不预则废。常言道，一年之计在于春，一日之计在于晨。指挥作战的军事家，他们在战斗打响前，都会制订几套作战方案；企业家在产品投放市场前，也会制订一系列的市场营销计划。而我们在工作中学会制订计划，其意义是很大的，它是实现目标的必由之路。然而，计划是否完备、是否万无一失、是否在执行的过程中与原定目标逐渐偏离，还需要我们在做事的过程中经常检查。可能你曾有这样的经历：当上级领导交代给你一项任务，你也为此做了精心的准备，制订好了实施方案时，在整个执行的过程中，你会一鼓作气，认为自己做得完美无瑕，而当你把工作成果交给领导时，却被领导指责这份成果已与原本的任务目标背道而驰。这就是为什么我们常常被上司、领导以及长辈们教导做事一定要动脑筋，一定要多思考，以防出现偏差。我们先来看下面一个故事：

当当是一名高三的学生，还有三个月，她就要高考了。这

天周末，姨妈来她家做客，当当陪姨妈聊天，话题很快便转到当当高考这件事上了。

姨妈问当当："你想上什么大学啊？"

"浙大。"当当脱口而出。

"我记得你上高一的时候跟我说的是清华，那时候，你信誓旦旦地说自己一定要考上，现在怎么换目标了？当当，你这样可不行。"

"哎呀，姨妈，咱得实际点儿是不是，高一的时候，树立一个远大的目标是为了激励自己不断努力，但到了高三了，我自己的实力如何我很清楚，我发现，考清华已经不现实了，如果还是抱着当初的目标，那么，我的自信心只会不断递减，哪里来的动力学习呢？您说是不是？"

"你说得倒也对，制定任何目标都应该实事求是，而不应该好高骛远啊，看来，我也不能给我们家倩倩太大压力，让她自己决定上哪个学校吧。"

这则案例中，当当的话很有道理。的确，任何计划和目标的制订，都应该根据自身的情况和时间段，不切实际的目标只会打击我们学习的自信心。

其实，不仅是学习，工作中，我们也要及时调整自己的计划，而不能盲目。正如"石油大王"洛克菲勒所说的："全面检查一次，再决定哪一项计划最好。"任何一个初入职场的年轻人都应该记住洛克菲勒的话，平时多做一手准备，多检查计划是否合理，就能少一点儿失误，多一分把握。

在做事的过程中，当我们有了目标，并能把自己的工作与目标不断地加以对照，进而清楚地知道自己的行进速度与目标之间的距离，我们的做事成果就会得到维持和提高，就会自觉地克服一切困难，努力达到目标。而且，思维指导行动，如果计划不周全，那就意味着满盘皆输。

一位名人曾说："生命的要务不是超越他人，而是超越自己。"所以我们一定要根据自己的实际情况制定目标，跟别人比是痛苦的根源，跟自己的过去比才是动力和快乐的源泉。这一点不光可以用在工作上，还可以用在以后的生活中，这对我们的一生将会产生积极的影响。

另外，即使我们依然在执行当初的计划，但计划里总有不适宜的部分，对此，我们需要及时调整。也就是说，当计划执行到一个阶段以后，你需要检查一下做事的效果，并对原计划中不适宜的地方进行调整，一个新的更适合自己的计划将会使今后的工作进行得更加顺利。

选择你所爱的，爱你所选择的

人生在世，要有一番成就，就必须有目标,这是毋庸置疑的。正是因为这一点，现实生活中的很多人，他们认为自己当下的工作根本谈不上“惊天动地的事业”，于是，他们总是渴望拥有一份更能发挥自己能力与价值的工作，对自己的本职工作便心不在焉。而实际上，“选择你所爱的，爱你所选择的”，既然你已经选择了当下的职业，就要热爱你的工作并做到专心致志、全力以赴，这是每个社会人的职责，也是让自己快乐的源泉。当我们脚踏实地地对待我们所做的工作时，就能产生火热的激情，从而让我们每天在工作中全力以赴。久而久之，持续地努力付出，自然会有回报，你将因出色的表现而获得巨大成就。失去热情，必然会失去继续前行的动力；失去激情，必然会失去战胜困难的勇气，不敢面对挑战，这样的人生必然乏味而无聊。

小刘是计算机专业的硕士生，毕业后去了一家大型软件公司工作。工作没多久，他就凭着深厚的专业知识和出色的工作能力，为公司开发出了一套大型的财务管理软件，因此，他得到了公司同事的称赞和上司的肯定。

就在去年，小刘被提升为开发部经理。在上司看来，他不仅精通技术，而且是一个值得下属信任和尊敬的上司，他所领导的开发部也屡创佳绩。公司老总认为小刘是一个不可多得的人才，就把他提升为总经理，负责全公司的管理工作。接到任命通知书后，小刘并不高兴，他明白自己的特长是技术而不是管理，如果自己纯粹去管理公司，会使自己的特长无法发挥，而且，专业技术也将会被荒废。更关键的是，自己并不喜欢做管理，在小刘看来，那是不值得去做的工作。

可是，碍于上司的权威和面子，小刘还是接受了这份对他来说不值得做的工作。果然，在接下来的一个月里，小刘虽然做出最大的努力，但还是令人失望。上司难以体会到他的苦衷，也开始对他施加压力。如今，小刘不但感到工作压抑、毫无乐趣可言，而且越来越讨厌这份工作，甚至想离开公司，另谋出路。

的确，在职场中，如果你不热爱你的工作，那么，工作对于你来说就是一件痛苦的事。对于案例中的小刘来说，他如果始终无法热爱自己的工作，那么，他是该离开了，这样才能实现出他应有的价值。

那么，如何才能做到热爱并做好自己的本职工作呢？

1.唤醒你的梦想，把控好人生的大方向

其实，在我们心中，都有一个属于自己的梦想，但出于各种原因，可能这些梦想会逐渐被磨灭。但你有没有发现，正是因为你失去了梦想，你才会显得无力、没有热情，才会变得得过且过。而且，人的潜能只有在具有一个强大的动力的前提下，才会被最大限度地激发出来。因此，不要犹豫了，为理想而努力奋斗吧，这样你才会拥有别样的精彩人生！

2.了解你的兴趣所在

俗话说，兴趣是最好的老师，兴趣所在，便是动力所在，这有助于注意力的培养。

所以，在择业之前，你应该考虑自己的兴趣。如果工作在某些方面真的令你缺乏兴趣，那么，不管薪资待遇有多好，职位有多高，都是不值得你留恋的。

3.倘若你已经有一份不错的工作，那么，不妨尝试着热爱它

其实，并不是所有工作都是那么妙趣横生的，甚至绝大部分工作会因为工作环境的一成不变而变得枯燥乏味。许多在大公司工作的员工，他们拥有渊博的知识，受过专业的训练，有一份令人羡慕的工作，拿一份不菲的薪水，但是他们中的很多人对工作并不热爱，视工作如紧箍咒，仅仅是为了生存而不得不工作。他们精神紧张、未老先衰，工作对他们来说毫无乐趣可言。

可见，一份工作有趣与否，取决于你的看法。所以你只要在工作，何不让自己充满活力与热情呢？

找准方向，选择和努力一样重要

韩国首尔大学有这样一句校训：“只要开始，永远不晚。人生最关键的不是你目前所处的位置，而是迈出下一步的方向。”这句话的含义是，任何理想不经过实践和行动的证明，都将是空想。只要你心有方向，立即行动，任何理想都有实现的可能，相反，没有方向的路，走得再多也是徒劳。

生活中的你，如果留心一下周围那些生活得幸福和愉快的年轻人就会发现，他们现如今的快乐来源于曾经的努力，当然，最重要的是，他们有了正确的选择，知道自己接下来该做什么，并怀着最真诚的心去追求自己想要的东西。

人与动物是不同的，人有着高级的思维能力，因此，人也无法和动物一样浑浑噩噩地生活，人的行动必须有目标，即使有些目标最终仍无法实现。

我们来看下面一则寓言故事：

从前，在某片茂密的丛林中，有五位探险家组成了一个探险小组，小组的队长名叫马克格夫，四名队员分别是巴里、麦克里斯、约翰斯、吉姆。在进入丛林前，马克格夫曾答应给他们优厚的报酬。

然而，就在离任务还差一点儿就要完成时，队长马克格夫不幸得了病而长眠在丛林中。马克格夫临死前，交给四名队员一个沉甸甸的箱子。他十分诚恳地对四人说道："我要你们向我保证，一分钟也不让这个箱子离开你们的视线，而且，你们如果能将这个箱子亲手交到我的朋友麦克唐纳教授手里，你们将获得比金子还要贵重的东西。"

埋葬了马克格夫以后，这四个人就上路了。多日的跋涉使得这四个人瘦骨嶙峋、疲惫不堪。他们扛着这个沉重的箱子，在茂密的丛林里踉踉跄跄地往前走，渐渐地，丛林的路越来越难走，箱子也越来越沉重，而他们的力气更是越来越小了。

一切都像在做噩梦，只有这个箱子是真实的，是这个箱子在支撑着他们的身躯！否则，他们全倒下了。他们互相监视着，不准任何人单独乱动这个箱子。在最艰难的时候，他们想到了未来的报酬是多少，当然，是比金子还重要的东西……

终于有一天，绿色的屏障突然拉开，他们经过千辛万苦终于走出了丛林。

四个人找到麦克唐纳教授后，迫不及待地问起应得的报酬。

于是，当着四个人的面，麦克唐纳教授打开了箱子。大家一看，都傻了眼，满满一箱无用的木头！

“这开的是什么玩笑？”约翰斯说。

“分文不值，我早就看出那家伙有精神病！”吉姆吼道。

“比金子还贵重的报酬在哪里？我们上当了！”麦克里斯愤怒地嚷着。

此刻，只有巴里一声不吭，他想起了他们刚走出的丛林里，到处是一堆堆探险者的白骨，他想起了如果没有这个箱子，他们四人或许早倒下去了。

于是，巴里站起来，对正在抱怨着的伙伴们大声吼道：“你们不要再抱怨了。我们得到了比金子还贵重的东西，那就是生命！”

从这个故事中，我们发现，马克格夫是个智者，从表面上看，他所给予的只是一堆谎言和一箱木头，其实，他给了四名队员行动的目标与信念，而这些，无疑都是最珍贵的！

同样，追求梦想的过程也不是一帆风顺的，无数成功者为了自己的理想和事业，竭尽全力，奋斗不息。孔子周游列国，四处碰壁，乃悟出《春秋》；左氏失明后方写下《左传》；孙膑断足后，终修《孙膑兵法》；司马迁蒙冤入狱，坚持完成了《史记》。伟人们在失败和困顿中，永不屈服，立志奋斗，终于达到成功的彼岸。而当今社会，也有很多人却以失败告终，这是为什么呢？很多人把问题归结于客观因素，如时运不济等。持这种观点的人，只看到问题，却看不到解决问题的方法；只看到困难，却看不到自己的力量；只知道哀叹，却不去尝试解决问题。这样的人永远也不可能成功。

为此，为成功奋斗的年轻人们，从现在起，你只需树立一个正确的理念，然后调动你所有的潜能并加以运用，这样便能带你脱离平庸的人群，步入精英的行列之中！你一定要记住以下两点。

1.关注未来，不要满足于现状

独具慧眼的人，往往具备人们所说的野心，即不会因眼前的蝇头小利而放弃追求梦想的愿望，他们一般是用极有远见的目光关注未来。

2.不要把梦停留在“想”上

梦想可以燃起一个人的所有激情和全部潜能，并载他抵达辉煌的彼岸。所以，当你有了梦想时，不要把“梦”停留在“想”上，一定要付诸行动，制定目标，这样才可以带给你真正需要的方向感。

与时俱进，不断调整自己的选择才能抓住机遇

生活中，我们常听他人说“与时俱进”这个词，也就是说，我们在做人做事时，要懂得变通，毕竟我们所生活的时代每天都在变化，守旧的思维模式只能让我们被时代抛弃。事实上，自古以来，人类的进步就是因为能做到与时俱进，能做到思维的创新，可以说，人类如果故步自封，就只会停滞不前。同样，一个人能不能做到思维上的变通和选择上的与时俱进，直接关系到其事业的成败，因为只有创新才能激活自己全身的能量。

因此，我们每个人都要明白，在瞬息万变的当今社会，真正的危险不是知识和经验的不足，而是故步自封，跟不上时代的步伐。

一个人要想成功，勇气、努力都必不可少，但更重要的是，人生路上要懂得与时俱进，要懂得不断收集各种资讯，使自己对环境和追求的事业的方向有更充分的了解。因为一个人只有了解得越多，才越有应变的能力。

他是个农民，但是在他的心中，一直以来的梦想是成为一名作家。

为了梦想，他从未放弃过，十年来，他每天都坚持写作五百字，每写完一篇，他都改了又改，精心地加工润色，然后满怀希望地寄往各地的报纸杂志。遗憾的是，尽管他很用功，可他的文章从未被发表，也未收到过一笔稿费。

29岁那年，他总算收到了第一封退稿信。那是一位他多年来一直坚持投稿的刊物的编辑寄来的，信里写道："看得出你是一个很努力的青年，但我不得不遗憾地告诉你，你的知识面过于狭窄，生活经历也显得过于苍白。但我从你多年的来稿中发现，你的钢笔字写得越来越出色了。"就是这封退稿信，点醒了他的困惑。他意识到，自己不应该对某些事过于执着。于是，他毅然放弃写作，转而练起了钢笔书法，果然进步很快，最后成了有名的硬笔书法家，他的名字叫张文举。就这样，他让理想转了一个弯，继而迎来了柳暗花明，走向了成功。

诚然，我们要承认的是，一个人要想成功，就必须努力奋斗、坚持不懈，但毅力要起到作用，还必须是建立在一条正确的道路的基础上，在错误的道路上坚持，只会让你逐渐偏离成功的人生轨道。所以，我们一定要懂得变化和放弃，只有具备应变的能力，我们才可能抓住成功的机会。

我们都知道，在通往成功的道路上，处处都可能有被错过的良机，只有善于把握机会，哪怕是万分之一的机会，都有可能助你实现你的人生理想。

现实生活中，人们都知道机遇的重要性，但并不是所有人都能把握住机遇。事实上，在机遇面前，很多人只会一味地模仿别人，以为众人走过的路，用过的方法，是最保险的。殊不知，在众人都踩过的路上，很难有令人惊喜的果实被人发现。

人是善于思考的动物，处于竞争激烈、变化多端的社会中，当我们发现自己的定位与现实不合拍的时候，调整步调才是最明智的选择。

可见，在漫长的人生旅途中，每一个人不能不面对变化，不能不面对选择。学会变通，不仅是做人之诀窍，也是做事之诀窍。那么，我们该怎样提高自己的思维变通能力呢？

1.关注前沿信息，更新观念

我们要关注时事新闻，关注周围世界的变化，这样，你才能逐步更新自己观念和强化自己的变革意识。

2.学会变通，要有勇气应对变化

勇气的作用就是调动自己全部的能力去迎接变化和挑战。一个人要想学会变通，首先必须鼓起勇气，勇气是人的一种非凡力量。它虽然不能具体地去处理某一个问题，克服某一种困难，但这种精神和心态却能唤醒你心中的潜能，帮助你应对一切变化和困难。

3.学会变通，要有信心开发潜能

所谓信心，就是一种心态潜能。也就是说，你是一个充满信心的人，你有信心克服困难，有信心获得成功。那么，你身上的一切能力都会为你的信心去努力，你也就有可能成为你希望成为的那样；反之，你如果缺乏信心去努力，总以为自己没有能力去做这一切，那么，你的一切能力也就会随之沉寂，你自然就会成为一个没有什么成就的人。

4.学会变通，要善于改变自己的思维定势

人的思维方式，常常出现两大定势：一是直线型，不会拐弯抹角，不会逆向思维和发散思维；二是复制型，常以过去的经验为参照，不容易接受新鲜事物。

实践证明，不管你是觉察到还是没有觉察到，不管你是愿意还是不愿意，每个人时时刻刻都在寻求变通，所不同的是，善于变通的人越变越好，而不善于变通的人却是越变越差。我们只有掌握了变通之道，才能应对各种变化，在变化中寻找到机会，在变化中取得成功。

总之，任何一个人，你如果希望自己能适应现在的工作、生活乃至整个社会环境，你就要明白“适者生存”这个道理，要懂得适应时局，并要积极思考，随时调整自己。只有这样，才有可能抓住机遇！

放弃理想主义，完美的选择不存在

万事万物都存在两面性，各有所长，也各有所短。圆物不稳，但滚动自如；方物平稳，但移动困难。然而，生活中的人们似乎就是不明白这个道理，总是希望能作出完美的选择，总希望任何事都完美无瑕，而一旦发现自己的选择背离了自己完美的愿望时，他们就会感叹人生的不易，就会无病呻吟；一旦按他的想法追求到了，仔细一看，原来并不是想象的那样完美，从此便自谓看破尘世之事。好端端的人生，竟被这样的心境破坏掉了。

人生不可能事事都如意，也不可能事事都完美。追求完美固然是一种积极的人生态度，但如果过分追求完美，而又达不到完美，就必然会产生浮躁。过分追求完美不但得不偿失，还会令自己陷入泥沼。

苏格拉底是古希腊最伟大的学者之一，他有很多的学生，但他并不是以灌输的方式教育学生，而是喜欢通过简单、普通的行为来让学生认识到哲理。

一天，他的学生问他怎样才能找到理想的伴侣，他并没有直接回答，而是带领学生来到一片金黄的麦地旁，这是麦子成熟的季节，饱满的麦穗在风中摇曳。

苏格拉底对学生们说："现在，你们的任务是找到这片麦地中最大的麦穗，但任务的规则是，只许进不许退，千万别回头，我在麦田的尽头等你们。谁能找到那个最大的麦穗，那谁就可以顺利毕业了。"听到老师的话后，学生们都出发了，在他们看来，这并不是一项多么难以完成的任务。

金灿灿的麦地里，到处都是大麦穗，到底哪个才是最大的呢？学生们只好一直往前走，他们看看这一个，好像不够大，再往前面看看，当他们拿到下一个时，又觉得不够大，最大的肯定在前面，抱着这样的想法，他们总是扔掉手中的麦穗。在他们看来，这么一大片麦田，还早着呢！

学生们一边低着头往前走，一边用心地挑挑拣拣。很长时间以后，他们突然听到了苏格拉底苍老的声音："孩子们，已经到头了。"这时，两手空空的学生们才如梦初醒。

看到学生们失望的表情，苏格拉底对他们说："在这片长满成熟麦穗的麦田里，肯定有一个是最大的，我们不能怀疑这一点。你们可能会遇见，但也可能遇不到，即使碰到了，也许你们也并不知道它是否是最大的那个，因为你们总认为最大的那个在前方。因此，只要抓住手里的那一个，它就是最大的，否则，你会一无所有。这就是爱情。"

学生们听完老师的话，才明白了老师让自己摘麦穗的用意，他们悟出了这样一个道理：寻找伴侣的过程，就像在麦田中寻找最大的麦穗的过程，我们都在努力寻找，有的人见了那个粒饱满的“麦穗”，就不失时机地摘下它；有的人则东张西望，一再错失良机。当然，大家都想追求最大的，但把眼前的麦穗拿在手中，才是实实在在的。

的确，世界上的很多烦恼，正是因为过分追求完美而产生的。值得我们追求的东西很多，如果我们苛求自己或别人把每一件事都做得完美无缺，那么我们将会失去很多东西。这个世上本来就没有完美的东西，如果一味地追求完美，最后得到的反而是不美。

久旱逢甘露，是不是美？是！但是，对于行进在原野上的跋涉者来说，道路从此变得泥泞，就不是美；顿顿有鸡鸭，是不是美？是！但是，对于营养过剩者来说，也许已疾病缠身，这也不是美。

可见，我们必须明白的一点是，人生路上，没有绝对完美的选择，我们做人做事更不可过于苛求。否则，最终会让自己成为孤独的人，生活在孤寂和焦灼之中。生活的目的在于发现美、创造美、享受美，而不善于发掘它的闪光点和长处，就难以找到真正的美。

人生是没有完美可言的，完美只在理想中存在，生活中处处都有遗憾，这才是真实的人生。事实上，追求完美的人是盲目的。“完美”是什么？是完全的美好。这可能吗？“凡事无绝对”，哪里来的“完全”？更不要提“完美”了。既然没有“完美”，那又为什么要去寻找它呢？

参考文献

[1] 王嘉陵.决策思维[M].北京：东方出版社，2009.

[2] 巴斯夏.看得见的与看不见的[M].刘霈，译.北京：台海出版社，2018.

[3] 施瓦茨.选择的悖论：用心理学解读人的经济行为[M].梁高歆，黄子威，彭珊怡，译.杭州：浙江人民出版社，2013.

[4] 克里根.选择的力量[M].刘善红，程露，译.北京：中国青年出版社，2014.